徐俭○总顾问

做美好世界的教育

的教育

核心素养导向的
幼儿园课程建设与实践

王茜○主编

华东师范大学出版社
上海

图书在版编目（CIP）数据

做美好世界的教育：核心素养导向的幼儿园课程建设与实践/王茜主编. -- 上海：华东师范大学出版社，2024. -- ISBN 978-7-5760-5450-7

Ⅰ.G612

中国国家版本馆CIP数据核字第20249FP596号

做美好世界的教育
——核心素养导向的幼儿园课程建设与实践

主　　编　王　茜
总 顾 问　徐　俭
策划编辑　蒋　将
责任编辑　孔　灿
特约审读　严　婧
责任校对　江小华
装帧设计　冯逸珺

出版发行　华东师范大学出版社
社　　址　上海市中山北路3663号　邮编 200062
网　　址　www.ecnupress.com.cn
电　　话　021-60821666　行政传真 021-62572105
客服电话　021-62865537　门市（邮购）电话 021-62869887
地　　址　上海市中山北路3663号华东师范大学校内先锋路口
网　　店　http://hdsdcbs.tmall.com

印 刷 者　浙江临安曙光印务有限公司
开　　本　787毫米×1097毫米　1/16
印　　张　15.75
字　　数　279千字
版　　次　2024年12月第1版
印　　次　2024年12月第1次
书　　号　ISBN 978-7-5760-5450-7
定　　价　68.00元

出 版 人　王　焰

（如发现本版图书有印订质量问题，请寄回本社客服中心调换或电话021-62865537联系）

《做美好世界的教育》编委会

主　编　王　茜
副主编　周　珏　钱兰华　宋晓燕　安　茜　张煜莹
委　员　胡晓虹　程依华　苏金阳　陈宁薇　叶　婧
　　　　梁嘉心　陈　茜　单　芸　黄倩如　丁晨煜
　　　　曾莹莹　何诗雨　诸小敏

目录

序   1

第一篇   走进美好教育：真善至美   1

第一章   美好教育价值意蕴   3
一、价值内涵   3
二、愿景使命   7
三、教育理念   8
四、教育原则   8

第二章   美好教育的实施路径   13
一、以幼儿为本的美好课程   13
二、以教师为先的美好文化   17
三、以家长为伴的美好服务   19
四、以社会为责的美好品牌   23

第二篇   打开美好课程：我因课程而美好，课程因我而精彩   25

第一章   美好课程背景   27
一、课程来源   27
二、课程理念   27

第二章 美好课程样态 29
　　一、素养取向的课程目标 29
　　二、整合取向的课程内容 31
　　三、理解取向的课程实施 39
　　四、表现取向的课程评价 43

第三篇 聆听美好故事：追求核心素养的发展 47

第一章 人与自我 49
　　我和自己 50
　　　　成为超级英雄 50
　　　　成长"变"一"辩" 66
　　我和表达 81
　　　　请你听我讲故事 81
　　　　三只小猪，我们这样演 94

第二章 人与社会 103
　　我和组织 104
　　　　"做"着小船前进 104
　　　　小教室，大机场 119
　　我和时空 131
　　　　欢迎你到泰国来 131
　　　　多彩的民族 150

第三章　人与自然　　171

世界运作　　172
无"锁"不能　　172
雨中探究　　190

共享地球　　209
小小博览会，尽览植物美　　209
不可或缺的水　　220

参考文献　　232

后记　　235

·序·

几年前，我怀着好奇心态和专业兴趣，走进了上海世外幼教集团青浦区世界外国语幼儿园，想了解一个民办教育集团是如何把国际课程进行本土化创新实践，有哪些经验是值得与更多幼儿园分享的。我更想知道在多元化发展的时代背景下，不同特质的幼儿园是怎样运作，又是如何发展的。

这里，有一群对教育理想执着追求的美好幼教人。尽管来自五湖四海，尽管年龄、性别、学历、背景不尽相同，但是，这群幼教人都秉持着一份对教育理想和教育信念的共同追求，"要办中国最好的民办教育，让幼儿园成为卓越的百年名园""让每位孩子拥有中国心、世界眼，成为具有面向未来的综合素养的小公民"。为了这一美好愿景与目标，在特级教师王茜的引领带动下，大家齐心协力，不断与时俱进、敢于突破，探索出许多具有开创性和独创性特点的新经验、新实践，推动着整个幼教集团进入发展的"快车道"，也为整个幼教事业的发展作出了一份难能可贵的贡献。

这里，有一个富有创新活力的美好课程。世外幼教集团的幼教人，崇尚的教育使命是"全心全意做好'教育'，全心全意做'好教育'"。为此，他们为儿童而改变，为儿童而创新。在独具特色的美好课程中，他们进行了一系列富有成效的探索。"课程目标"坚守全面育人的价值取向。在核心素养的指引下，培养"有理有仪"，愿担当的儿童；"乐知乐会"，有本领的儿童；"向爱向美"，有创造活力的儿童。教师努力把国家核心素养的要求落实到课程实践中，落实到每个孩子的发展中。"课程理念"强调"我因课程而美好，课程因我而精彩"。一方面，重视课程对儿童发展的支持性、引领性；另一方面，又凸显儿童能动性对课程的生成性、合作性，让师幼共建课程、共同成长成为可能。"课程内容"积极探索国家课程、地方课程与国际课程（IB-PYP）的有机融合，形成了美好课程的独特内容体系，比如："基础课程"，定位保底性，由日常生活、健康运动、快乐游戏、探究学习组成，以保证每位幼儿健康、全面、和谐的发展；"特色课程"，定位深入性，由阅读俱乐部、艺术俱乐部、科学俱乐部、心理沙盘游戏俱乐部等组成，以支持幼儿自主性、创造性、个性化的发展；"拓展课程"，定位广泛性，由园内节庆活动（健康运动周、世界文化周、美好阅读周、缤纷"六一"周等）和园外考察活动（行走中国、行走世界）组成，以增强幼儿"中国心，世界眼"的文化积淀，丰厚幼儿"世界因我而美好"的精神内涵。此外，在课程实施、课程评价、课程管理等各方面，美好课程也进行了全面探索，以实现课程体系高品质、高价值、高体验的发展目标。世外幼教集团美好课程为下属各类幼儿园课程园本化的建设，提供了基础性、规范性、发展性的保障，使美好课程在探索科学性、专业性的过程中，交出了一份满意的答卷。

这里，还有一批幼教人书写的美好课程实践。我欣赏在书中"走进美好教育"，表达了美好教育的价值与愿景、理念与目标，理解世外幼教人真善美的追求；我还欣赏在书中"打开美好课程"，分享了课程的整体性设计，了解课程的实施样态；我更欣赏在书中"聆听美好故事"，一篇篇来自一线教师们的实践案例，讲述了在人与自我、人与社会、人与自然的互动中，教师与幼儿共同生成的课程过程、经历和经验，充分体现了世外幼教课程的实践取向，即注重概念学习、问题驱动、自主发现、合作探究、多元表达、亲子互动、社区实践等。透过字里行间，能感受到幼儿在美好课程土壤里健康成长的模样，能感受到幼儿园是孩子们快乐成长的乐园。

这里，更有一个我们孜孜以求的未来教育的美好影子。未来的教育应该是什么样子的？我们将给20年、30年以后的国家和民族培育怎样的接班人？这些都是萦绕在我们教育人脑中挥之不去的"灵魂之问"。在世外幼教集团里，我感受到了未来教育的气息，看到了未来教育美好的影子。少年强则国强，"我们留下一个什么样的世界给子孙后代，在很大程度上取决于我们给世界留下什么样的子孙后代"，这是整个集团对于教育责任及社会责任的理解，也是对教育未来的思考。当我们站在面向世界、面向未来的新时代教育基点上，世外幼教人在不断思考：如何让每位幼儿获得更全面、更现代的课程活动经历与经验，培育其探究精神与综合素养？如何在每天的课程实践中，让幼儿获得自主设问、计划、实施、反思、表达等能力，使学习品质有效提高？如何让幼儿获得质疑性思维、创新性思维、关爱性思维、合作性思维能力，为未来的发展奠定基础？如何让每个孩子拥有中国心、世界眼，赋予他们走向更广阔天地的勇气和力量？总之，只有让每一个孩子现在更强大，才能为我们国家和民族的明天奠基。

世外幼教集团的教师是一批敢于探索、乐于探究的幼教人。他们在国际课程与本土课程相结合的研究中，创造出属于自己的"美好教育"，形成了比较系统的课程实践经验和体验。本书记录了教师们共同学习、思考和实践的成果，留下了一串串创业、创造、创新的足迹。

愿世外幼教的所有人，保持热爱，坚守信念；聚爱凝光，奔赴未来！

坚信，世外幼教的明天一定更加美好！

黄 琼

2024 年 4 月

第一篇

走进美好教育：真善至美

美好教育以生命本性中的真善美为教育根基，以明心为教育目标，让生命之初的成长建立在尊重孩子心性发展的自然规律之上，将世界融入明心，呈现出人心之美好、人性之美好。

第一章 美好教育价值意蕴

一、价值内涵

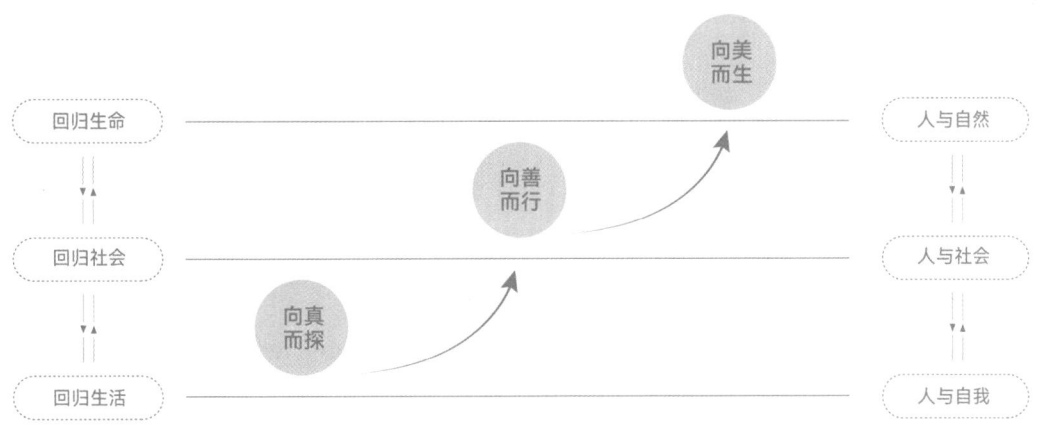

图 1.1.1 美好教育价值与内涵示意图

（一）真善美的统一

真善美是人类共通的语言和永恒的主题，是一种"大观念"，向真、向善、向美是人类朴素的向往与追求（刘志山，2004）。教育的焦点在于培养人，而知、情、意是人的三种心理功能，真善美正是与之对应的三个范畴，塑造真善美统一的理想人格是美好教育的根本目的所在。认识自我、认识社会、认识自然是人类发展的三个主要方面，这三个方面既包含了真善美的内容与形式，也具象着真善美的结构与范畴。

只有真善美的统一才能使人与自我、人与社会以及人与自然的关系和谐且发展可持续。

1. 向真而探

向真，是向善和向美的前提。"真"的本义是本质。向真，意味着在崇尚理性中遵循客观规律，在实践探索中认识世界本源。人类正是依靠理性认识世界，通过遵循自然法则，才达到人与自然的和谐发展。

在教育领域，向真意味着尊重教育规律、尊重儿童身心发展规律，遵道而行、返璞归真。《礼记·学记》主张"禁于未发之谓豫，当其可谓时"，强调的就是教育在儿童内在秩序"未发"的时候应该耐心等待，切莫急于求成。当儿童内在的秩序做好准备之时，则要牢牢抓住教育的契机。

《道德经》中提到"人法地，地法天，天法道，道法自然"，世间万物都遵循自然规律，教育应当师法自然。美好教育就是要尊重儿童的"内在生命潜力"，探索出它的规律，并按照它的规律来助力儿童成长。

2. 向善而行

向善，是向真和向美的手段。"善"在《说文解字》中的解释是"吉也。从誩，从羊。此与义美同意。"引申为人的言行符合道德规范。老子在《道德经》中就言"上善若水，水善利万物而不争"，最高境界的善应该是滋养万物，包容一切，而不求回报。可见，"善"具有利他性，去功利化。

对是非善恶的判断和选择是人与生俱来的，王阳明在《传习录》中就主张"知善知恶是良知，为善去恶是格物"。向善，是"厚德载物，知行合一"，是执正念，修正行，得正果。美好教育就是要挖掘和塑造幼儿内在纯粹的善，引领和创造幼儿外在淳朴的善。

3. 向美而生

向美，是向真和向善的蓝图。"美"在《说文解字》中给出的解释是"美，甘也。从羊，从大"，古人将羊肉给味觉带来的享受称之为美。"美"在甲骨文中的字形是一个戴着头饰站立的人，这是视觉上感受到的美丽。可见，美源于人的感觉和感受，是一种愉悦的体验。

"原天地之美而达万物之理"，美是美感的内容，而美感是一种自由的快感，也是体验人自由发展的愉悦。我们不是复制生命，而是发展生命。美好教育就是要培育幼儿美的语言、美的行为、美的关系，以幼儿潜能的极致发挥实现万物各美其美，美美与共。

4. 真善至美

向真向善向美是人潜在的天性，真善美的和谐统一是东西方共同的向往与追求，美是发展的更高层次，美和真善需要相互作用、彼此促进和共同发展。东方有孔子所提倡的"天下为公""天下大同"，西方有柏拉图的"理想国"，还有托马斯的"乌托邦"。美好教育就是探究真、践行善、创造美的教育，是知情意的全面发展、真善美的和谐统一的教育。

（二）三回归的统整

1. 回归生活

"教育只有一个主题，那就是五彩缤纷的生活"，这是早在1929年怀特海在《教育的目的》一书中指明的。陶行知所倡导的生活即教育，提出教育是"生活所原有，生活所自营，生活所必需的教育"。

美好教育旨在回归生活，让全体儿童在真实的生活中去参与、去实践、去体验、去感受、去发现，学习会自然而然地发生。美好教育就是美好生活，教育和生活是交融的，教育赋予生活以美好，美好生活是教育意义的实现。

2. 回归社会

人是社会产物，人的本质是一切社会关系的总和，教育属于一种关系性的实践活动。美好教育将教育的社会性和社会的教育性进行整合，在社会大变革背景下不断创新，在温暖信任的教育关系中育人。通过行走课堂，将有教育价值的社会资源纳入课程，让每一位孩子迁移真实的经验、探索真实的世界、解决真实的问题。幼儿在社会大课堂中探究，进而通过行动影响社会，建构起人与人、人与自然、人与社会和谐的美好关系。

3. 回归生命

回归生命就是用"我"的美好去唤醒和共振事物的美好，对内成为一个更加真实的自己，对外创造一个更加美好的世界，以赋予人生专属的意义。美好教育旨在回归生命，让所有孩子都有机会体验生命中的各种波澜，以开放的状态去应对人生中的各种变化，在创造美好中长大，绽放独一无二的自己。

（三）美好教育生态圈

教育生态是在家庭、学校、社会范畴下的人、空间和文化间相互作用的结果。

人——教育者、养育者为第一环境。在这个环境中，儿童以开放的心灵全然吸收身

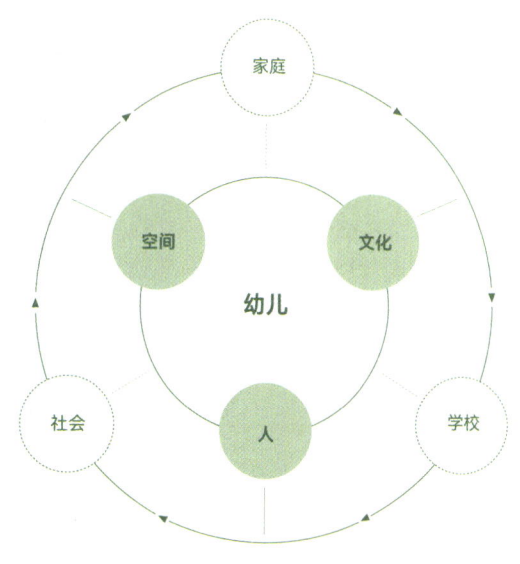

图 1.1.2 教育生态图

边人的行为、情绪、认知等各种模式。教师、家长等学习社区的成员是儿童早年成长的参照物，周围人的言行举动都将被儿童无条件吸收。

空间——儿童对空间的好奇早于行走，离开母体之后，儿童保有对空间探索的充分好奇，在此，身体、感觉、认知、心理、精神都得以发展。

文化——"一方水土养一方人"，在不同文化背景下，儿童无条件吸收文化养分。文化养育人，而人又创造着文化。

美好教育将在怎样的人文环境中开展，这决定着美好教育最终呈现的结果。在美好教育生态圈中，儿童所处的家庭环境与学校环境在理念、方法以及养育意识上的同频共振就变得尤为重要。

养育者与教育者的自身成长与养育意识的提升成为环境中的重要要素。养育者和教育者需要借助向内看的工作，重新唤醒心灵之爱，透过心理学重新觉知自我成长的过程，解决自身问题，提升自身意识，使人文环境得到根本性改善。

美好教育着力创建由美好幼儿、美好教师和美好家长共同建构的美好园所、美好家庭和美好社会，进而形成学习共同体、成长共同体和命运共同体三位一体的美好教育生态圈。

图 1.1.3　美好教育生态圈

二、愿景使命

愿景，关涉一个组织"发展方向是什么"，属于精神系统，是组织未来实现的远大目标，更是一个能激发组织使命感的宏伟蓝图。使命，关涉一个组织"为什么而存在"，属于身份系统，也是实现愿景的路径。价值观，关涉一个组织"什么是重要的"，属于信念系统，指引一个组织如何怀揣着价值观，履行使命积极行动以实现愿景。

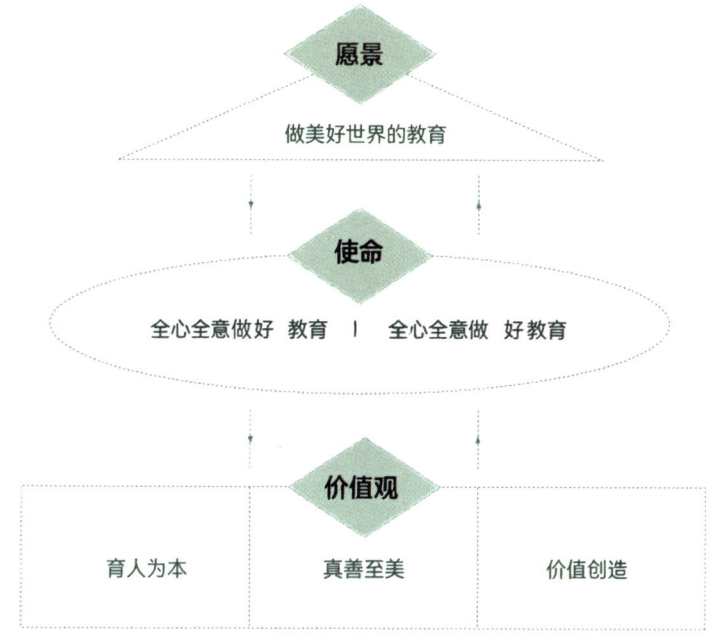

图 1.1.4　美好教育愿景、使命、价值观关系图

美好教育的愿景：做美好世界的教育；

美好教育的使命：全心全意做好"教育"，全心全意做"好教育"；

美好教育的价值观：育人为本，真善至美，价值创造。

育人为本：把园所看成家，一切以幼儿、员工、家长发展为本，不忘初心，方得始终；

真善至美：把教育做到家，让美好教育更加深入人心，让每一个孩子拥有真善美统一的完整人格；

价值创造：把责任担到家，不断引领人向真、向善、向美，共同创造一个更加美好的世界。

三、教育理念

美好教育的教育理念：世界因我而美好。

（一）要素内涵

"世"是时间，本义为三十年，后引申为一代、一世，这里指的是过去、现在和未来。

"界"是空间，这里指的是自我空间、大社会和大自然。

"我"指的是儿童、家长、教师等学习社区中的每一个人。"我"有两层含义，纵向上指每个自我生长的个体，横向上指向完整的自我。

"美好"是打开感官，开启觉知，从感觉到思维的体验；是与他人互动连接，深刻而持久的关系；是爱与信任的氛围；是自我实现，改变世界的行动。

（二）结构内涵

"世界"与"我"相辅相成，互为发展。每一个独立的、完整的自我个体是世界的重要因子，也是外在世界的重要组成部分。完整、充盈的自我个体的生长与发展将会使外在的世界变得更加美好。同时，世界的充实与美好又会为个体自我的生长提供良好的外部环境与氛围，两者互为循环、支持关系，共促美好发展。

四、教育原则

（一）全人教育

"全人"源于拉丁文"holistic"，词根为希腊语"hold"，意指不可分割的、整体的宇宙，故"全人"在本源上就被赋予了关于人与自然共融共生的观念，且"hold"还有可见与未见部分的集合之意，内蕴着应将人视为部分之和大于整体这一含义。全人教育是一种整合学习观，以幼儿的整体发展为宗旨，鼓励知识的整合，激发幼儿的智力、情感、社会性、创造性的潜力。

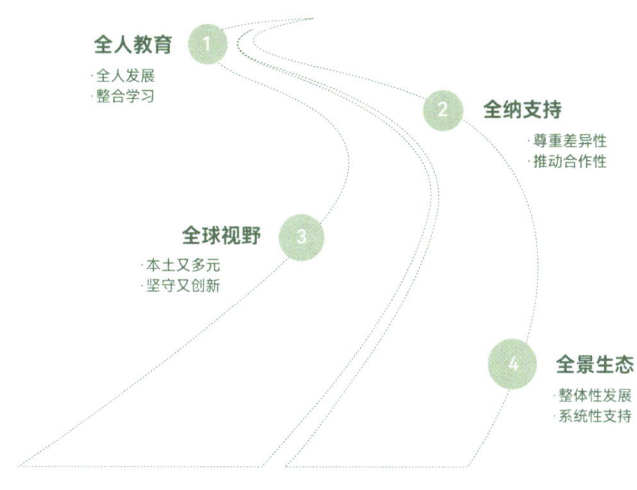

图 1.1.5 教育原则总览

1. 全人发展

美好教育中的完整儿童即美好的我，指向幼儿"身体的我""情感的我""社会的我""认知的我""精神的我"的五个层面全人成长。

图 1.1.6 美好教育完整儿童的"五个我"

（1）身体的我

身体不是一个人的全部，只是一个人的一部分，而这部分是唯一借助物质得以具象化的。作为一个人，除了这一物质具象化的部分之外，还有一个严密的生命系统藏于体内，身体如同一座完美的宫殿。在儿童最初认识自己的时候，毫无疑问需要从对身体的探索开始。

美好教育旨在支持幼儿了解自己的身体发展，协调动作，拥有良好身体适应力，在健康的饮食和运动等生活方式中塑造良好的体能和健康的身体。

（2）情感的我

一个完整的生命系统，有其外必有其内。借助五种感官系统，儿童通过对身体的感觉逐渐拓展认知。儿童的感觉越细微，内在建构的逻辑就越清晰，生命的层次就越丰富。在这场长达六年的感觉系统发展中，儿童开始逐渐认识自己的情绪情感。感觉决定了人类最早的情绪情感，借此，儿童从对自己的感觉中开始感觉他人，并在自己对他人的感觉中，建构最早的情感关系。对人、环境的信任，也从这里展开了。

美好教育旨在支持幼儿识别与管理自身的情绪和情感，能自我激励、自主主动，能觉知与理解他人情绪和情感，建立信任。

（3）社会的我

儿童除了对自己、对他人充满好奇与感觉之外，他们开始将自己的意识向外扩展至某一个人之外，比如一个家庭、几个小朋友……他们逐渐对更大的环境和人群发生了兴趣，一个要体验自我之外的"社会"驱动力正在"蠢蠢欲动"。在更多的人际交往中，如何体验自己和他人，以及周边的环境，学会尊重、合作、分享、解决冲突、欣赏差异等社会化品质开始出现。

美好教育旨在支持幼儿在人际交往中进行自我管理，学会尊重和助人，在与他人合作与分享中解决人际冲突，欣赏差异。

（4）认知的我

认知的形成是从感觉上升概念的过程。在充分的感觉之后，匹配正确适合的概念，儿童便从体验中获取经验，并借助反复内化的经验匹配概念。再度理解概念的过程，就会有深入思考、推理和正确使用及表达交流的能力。

美好教育旨在支持幼儿思考、推理和恰当地使用信息，表达交流思想，了解身边的世界并作出恰当的决定。

（5）精神的我

儿童天然具备对真善美的发现，他们对精神生活有着天然的精神感觉。这种精神品质天然储存在人类的心性中，在儿童早年还未被人为教化之前，很容易自然流露，但随着环境的改变与复杂化之后，精神的我的发展就需要借助个体自身发展与环境引导，最终以美德呈现。

美好教育旨在支持幼儿萌发审美鉴赏，萌生家国情怀，能与己为美，与外为美，通过多种方法来进行美的表现与创造性表达。

2. 整合学习

全人教育强调打破学科边界，注重超学科知识的互动与整合，培养整合思维。超学科的学习有别于单学科和多学科，它不限定特定学科背景，主要以问题切入进行探究，是一种整合式的学习。

（二）全纳支持

1. 尊重差异性

全纳支持在于尊重每一个幼儿的独特性，给予其差异化、个性化的支持。每个幼儿先天的气质生而不同，他们的认知风格也存在差异，有的偏听觉型，有的倾向于视觉型。每个幼儿所在的家庭文化也是不同的，这就要求教育者要充分收集幼儿相关信息，在科学客观解读的基础上，通过环境与材料、设计与组织等教育策略满足幼儿个性化发展的需要。

2. 推动合作性

全纳支持有助于建构开放平等的教育文化，强调通过建立学习共同体，以学习社区的合力激发美好教育生态圈的能动性。幼儿、教师、家长及学习社区中的每一位利益相关者都要为幼儿的学习与发展提供合作性的支持。

（三）全球视野

1. 教育内容本土又多元

美好教育根植于中国传统文化，让幼儿形成民族自豪，具有文化认同，坚定文化自信；同时，又能尊重和欣赏不同文化、民族和种族的差异，融合多元，兼具国际素养和全球视野。美好教育包含中西方的文化、历史、地理等多方面的内容，旨在引导幼儿建立起对世界的整体认识，培养幼儿对多元文化的尊重与理解，树立全球公民意识。

2. 教学方法坚守又创新

美好教育以"中国心、世界眼、以德树人"为根本目标，立足中国传统文化，兼容国际视野办教育。"中国心，世界眼"是一种倡导在全球化的背景下，既要坚守中华民族的优秀文化传统和社会主义核心价值观，又要放眼世界，拥抱国际视野的理念。美好教育学习借鉴国际上的教育理念和技术手段，如概念为本的课程、大观念教学、项目化学习（Project Based Learning，简称 PBL）等来助力高质量学前教育的实现。

（四）全景生态

1. 整体性发展

以整体性思维看幼儿生命历程的发展。在生命成长长河中，人本身是由身体的我、情感的我、社会的我、认知的我和精神的我所构成的完整的人，生活也是围绕社交、文化艺术、自然人文等全面展开的。幼儿阶段的教育为他后续成长奠定了基础，和小学教育阶段具有连贯性。

2. 系统性支持

一方面，教育需根据每一个幼儿的自然本性和内在秩序提供相应的资源、环境与支持，促使这种自然本性按其内在的需要展现出来，唤醒生命发展的自觉性。另一方面，教育不只是立足于引导幼儿内在的自然本性向外发展，它还是一个由外向内、使外部文化变为内在精神的过程，以激发主体的自主性。美好教育经由家校社的协力形成一个和谐有序的教育生态，以美好生活状态来影响幼儿发展，使之成为一个美好的人。

第二章　美好教育的实施路径

通过以幼儿为本的美好课程、以教师为先的美好文化、以家长为伴的美好服务及以社会为责的美好品牌四条路径来彰显美好教育的价值，实现美好教育的目标与追求。

一、以幼儿为本的美好课程

以幼儿为本的美好课程关键在于尊重教育和儿童发展规律、尊重儿童的需求和发展差异、尊重儿童的主体地位和发展权利，指向儿童的终身发展和全面发展。尤其在人工智能时代，建构和实施核心素养导向的课程正是破解儿童自由全面发展、为终身发展奠定基础的关键所在，也是落实《3—6岁儿童学习与发展指南》中所倡导的"关注幼儿学习与发展的整体性，注重领域之间、目标之间的相互渗透和整合，促进幼儿身心全面协调发展"的创新之路。

（一）幼儿核心素养

1. 核心素养的内涵与特征

（1）核心素养的内涵

核心素养一直是许多国际组织和国家关注的焦点。联合国教科文组织2003年提出的"学会求知、学会做事、学会共处、学会发展、学会改变"是21世纪公民必备的核心素养。2014年，教育部《关于全面深化课程改革落实立德树人根本任务的意见》中第一次明确地使用"核心素养"一词。林崇德（2016）的研究建立了中国学生发展核心素养指标体系，由文化基础、自主发展和社会参与三大领域，人文底蕴、科学精神、学会学习等六大维度以及乐学善思等十八个指标构成。

《义务教育课程方案和课程标准（2022年版）》指出核心素养是学生通过课程逐步形成的适应个人终身发展和社会发展需要的正确价值观、必备品格和关键能力，是课程育人价值的集中体现。

(2) 核心素养的特征

关于核心素养的特征,"可迁移"和"真实性"是被研究者提及频率最高的。可迁移指的是在不同的领域中的应用,真实性指的是解决现实问题。

核心素养的"核心"意指可迁移性(王小明,2020)。经济合作与发展组织(OECD)对核心素养的界定是有特殊价值、能适用多个领域及所有人都需要的素养。这里的"能适用多个领域"即可迁移性。

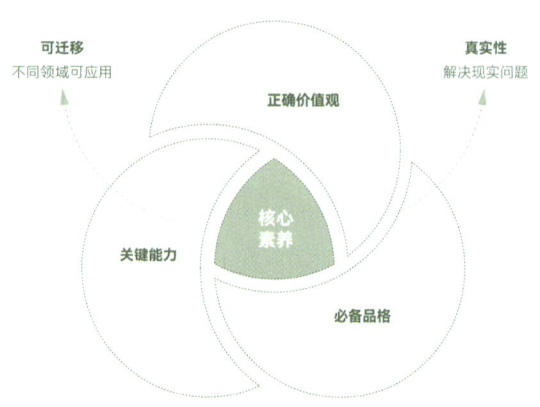

图 1.2.1 核心素养内涵示意图

钟启泉(2020)认为真实性是核心素养的精髓,这里的真实性强调的不再是知识点的再现,而是现实问题的探究或解决。刘徽(2022)也指出核心素养的真实性就是能将所学迁移到现实世界中去。

夏雪梅(2022)根据教育部高中和义务教育阶段的新课标中对核心素养的表述提取出核心素养的四个关键特征:统整性,知识、能力、价值观等的整合;迁移性,知识世界和真实世界间的迁移;进阶性,不同年龄阶段的进阶;实践性,应用学科知识、能力等解决问题。

2. 如何理解幼儿核心素养

韩玉梅等(2020)的研究从身体发展与健康生活素养、人格素养、社会融合素养、双基素养四大维度来界定学前儿童核心素养指标框架。美国宾夕法尼亚州 2014 年颁布的《宾夕法尼亚州学前儿童学习标准》中详细阐明了学前儿童科学核心素养的指标框架,包括生态素养、计算机与信息技术素养等(胡恒波,霍力岩,2019)。

李季湄(2016)指出,《3—6 岁儿童学习与发展指南》中的五大领域目标与具体要求是核心素养在幼儿阶段的具体体现,幼儿园必须与中小学一起,一致一贯地培养面向未来的核心素养,共同提升我国基础教育的竞争力,实现立德树人的根本任务。

核心素养对每个教育阶段的个体都具有重要的价值,且它的培养是逐渐发展的动态过程。在整个时代变革的背景之下,义务教育和高中学段都在聚焦培养核心素养。学前教育阶段作为教育的最前端,有必要和其他学段守望相助,一以贯之地促进儿童核心素养的发展。

因此,美好课程对幼儿核心素养内涵的界定与《义务教育课程方案和课程标准(2022

年版)》保持一致，也在探索一条核心素养导向的幼儿园课程建设与实践之路。

（二）核心素养导向的幼儿园课程

核心素养既是课程目标，又是一种新的课程观（张华，2022）。核心素养不仅指明了培养什么样的人，而且也明确了教什么、学什么、评什么。

1. 课程目标转向

我国的课程改革中课程目标经历过从"双基"（基本知识、基本技能）到"三维目标"（知识与技能、过程与方法、情感态度与价值观）的迭代，那么核心素养导向的课程目标的转向意味着什么呢？

核心素养导向的课程目标聚焦点从知识技能转向人的终身发展，是对人性本质的回归，是教育价值追求的转变。正确价值观、必备品格和关键能力是核心素养的内核，这些指向的是人在面临复杂情境中可迁移的解决问题能力的综合体现。

2. 课程内容重组

从"双基"——"三维目标"——"核心素养"课程目标观背后是知识观从学科知识本位——建构主义知识观——意义知识观的嬗变（余文森，2019）。

（1）知识结构观的改变

在知识性结构图中我们看到事实、主题、概念、概括和原理处于不同的层级。知识从下往上迁移性随之增强且更抽象，反之，则迁移性减弱且具体。在最下端是事实，事实往往是特定的、具体的、点状的；而主题是事实的集合，是线状的；概念不受情境、时间

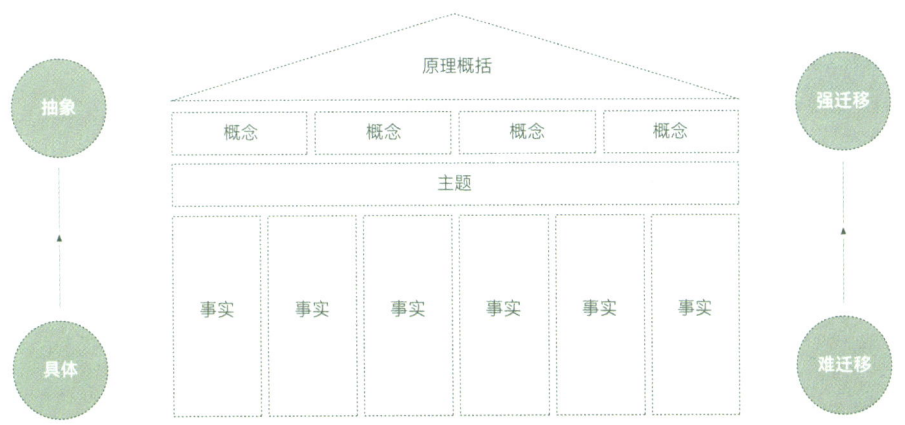

图 1.2.2 知识性结构图（埃里克森，1995）

的限制，是可迁移的，一般用一两个词或者短语来描述；概念上面是概括，概括是概念性的理解，是描述两个或两个以上概念之间的句子。

美国心理学家埃里克森（2017）指出，概念是从主题或过程中提取的心理结构，可以转移到新的情境中。"概念"的视角是一种学习经验的建构框架（埃里克森，2008）。概念是广泛而抽象的，因为广泛，所以可在不同情境中迁移；因为抽象，所以可以超越具体的例子。概念的习得可以帮助我们自动地将相关的经验整合起来，有助于让新的情境变得有意义，而不仅仅是记忆大量的事实性信息。

（2）共性主题的确立

美国当代著名教育家波伊尔（1995）提出课程内容应该建立在人类共同经验的基础之上，才能帮助学生们看到各学科之间的关联，并能把所学的知识与实际生活联系起来。尤其是对于幼儿来说，学习是整体性的。

美好课程主要参考波伊尔博士的"八大人类核心共性"及国际文凭组织 IB 课程的"六大超学科探究主题"，结合幼儿身心全面发展的特点，形成了美好课程的三大维度（人与自我、人与社会、人与自然）六大共性主题（我和自己、我和表达、我和组织、我和时空、世界运作、共享地球）。通过对人类共性主题的探究，确保课程内容的完备性，塑造美好儿童。同时，基于"从具体到抽象""从自身到周边"的原则，美好课程形成了幼儿对每个共性主题探究的进阶维度和探究时序，通过对相应主题的探究帮助幼儿形成对该共性主题的启蒙式概念性理解。例如，在大班"人与自我"维度、"我和自己"共性主题下的"成长与变化"单元，幼儿将通过我的成长、理想小学的建构、参观小学和辩论赛等事

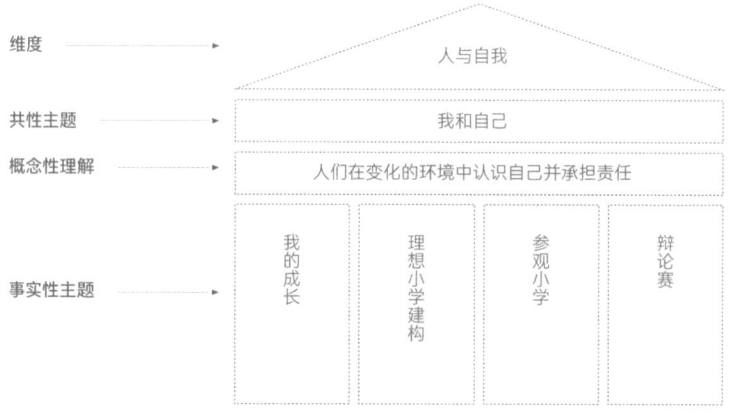

图 1.2.3　以大班"成长与变化"单元为例

实性主题的探究，建构"人们在变化的环境中认识自己并承担责任"的概念性理解。

3. 教学方式变革

（1）为理解而教，为理解而学

美国教育家杜威认为理解就是把握住事物的意义，美国教育专家威金斯和麦克泰格（2017）认为仅仅有知识和技能不足以实现理解，理解具有可迁移性，表现为在真实情境中能灵活有效地应用知识与技能。理解有别于知道，是重要或持久的领悟、"大概念"、概括以及概念性理解（希尔，2019）。杨向东（2022）提出实现学生核心素养的关键在于促进学习概念性理解的发展，概念性的理解是对具体事实或现象的超越，它是在概念以上层面把握事物间的联系或变化等深层次的理解。

在美好课程中，教师为理解而教，幼儿为理解而学，这就是概念性理解教学。它是基于幼儿经验和兴趣，以现实世界为基点，通过"大概念"引领的结构化单元设计，为幼儿创设个体建构和社会建构的情境，在做中学，通过超学科实践建构创造性解决问题的心智模式的过程。

（2）素养本位项目化

《上海市义务教育项目化学习三年行动计划（2020—2022年）》中提出，要以创造性问题解决能力为导向，以项目化学习的实践和研究为着力点，促进义务教育学校教与学的变革。《义务教育课程方案和课程标准（2022年版）》中也指出义务教育课程要积极开展主题化、项目式学习等综合性教学活动。夏雪梅（2021）提出项目化的中国建构关键在于指向核心素养。

从教与学的方式来看，素养本位的项目化学习是指向核心素养、围绕概念性理解、通过核心问题促进幼儿在解决真实问题中实现高通路迁移的一种课程实施新样态。

美好课程素养本位项目化的实施借鉴美国学者凯兹和加拿大学者查德（2017）项目学习的三阶段和五特征，形成了美好课程项目化实施模型。基于探究主题的概念性理解确定项目目标，根据本质问题和驱动性问题设计任务群，调动学习社区资源，通过评价量规完成对项目化学习中表现性任务的评价。

二、以教师为先的美好文化

做好文化建设，才可以涵养人心、凝聚人心。以教师为先的美好文化就是在教师个人和团队的培养中，坚持底线思维、教研思维、课题思维、课程思维，以培养教师师德意识、研究意识和教育家风范。

教师的发展是办学质量和课程质量的保障。要不断创新教师发展路径，激发教师发展内在动力，将教师发展与幼儿园发展、幼儿发展紧密结合，一体培养，共生共长。美好教育倡导以教师为先的美好文化，全力营造主人翁文化、感恩文化、效率文化、执行文化、复盘文化、创新文化，旨在凝聚教师做美好教育的归属感、价值感和使命感，以文化育人、以文化养人，运作起美好教师能动性的培养机制。

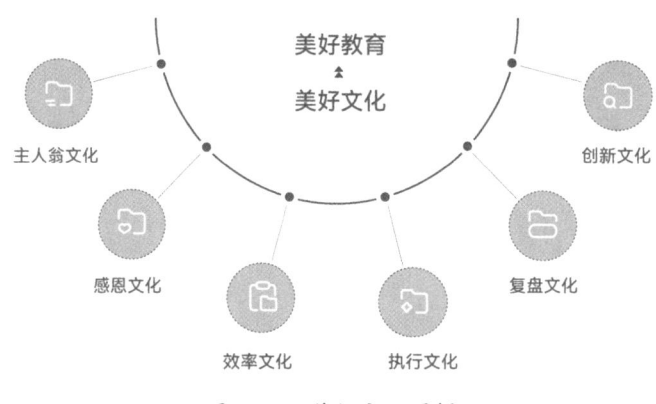

图1.2.4 美好文化图解

（一）文化滋养

美好教育鼓励教师为专业发声、为园所发声、为社会发声的能动性。用感动大会、创新大会、工会团建记录下教师的快乐幸福时刻；用面向全园层面的学术节展示、各类公益活动点亮教师的荣誉高光时刻。

（二）文化续航

美好教育描绘园所目标"人才五力"画布——人才催动力、人才推动力、人才驱动力、人才吸引力、人才拉动力，为教师个人、教师组织和教师团队的专业成长赋能。基于课程建设重点和教师个人兴趣专长，建构了可供教师自主选择的分层培养体系，形成新教师—青年教师—经验教师—骨干教师梯队式发展的教师队伍。此外，坚持用科研引领教研的思路，通过共性专题教研和重点项目教研，为不同专业发展阶段的教师提供不同层次的专业提升蓄电池，以教研成果质量提升教师专业质量。

（三）文化授权

美好教育驱动出教师的课程思想力、课程设计力、课程执行力、课程评价力。在课程实施方案、年度探究计划、评估政策、语言政策等各类政策修订以及班级、年级协作备课中，教师成为课程建设的主人，在园级层面、年级层面、个人层面输出对于课程实施的发展建议，梳理基于课程反思的经验总结。

三、以家长为伴的美好服务

美好教育以家长为伴，通过形式多样、主题多元的活动，引领家庭教育的科学理念，以陪伴式和互动式形成家园教育合力，实现管理同步、课程同步以及育儿同步，整合优质资源，承担起支持家庭的社会责任。

（一）赋能多元主体的高质量陪伴——家长俱乐部

家长俱乐部联手社区资源，充分发挥社区资源的效用，拓展作为家庭教育指导的第二课堂，开展体验式的教育互动，打造基于多元主体的亲子共参与、多个家庭共度高质量陪伴时间的教育活动。

倡导幼儿、教师、父辈、祖辈、社区工作者等家庭教育角色明确各自的定位，积极投入互动当中。如每年一次的"爸爸TED"活动，邀请爸爸们分享育儿智慧，从而影响更多的家庭，尤其是让爸爸的高质量陪伴在幼儿成长之路上不再缺失。幼儿园还定期邀请祖辈进校园，以"家风茶话会"的方式，共话家园共育，共享祖孙欢乐时光。

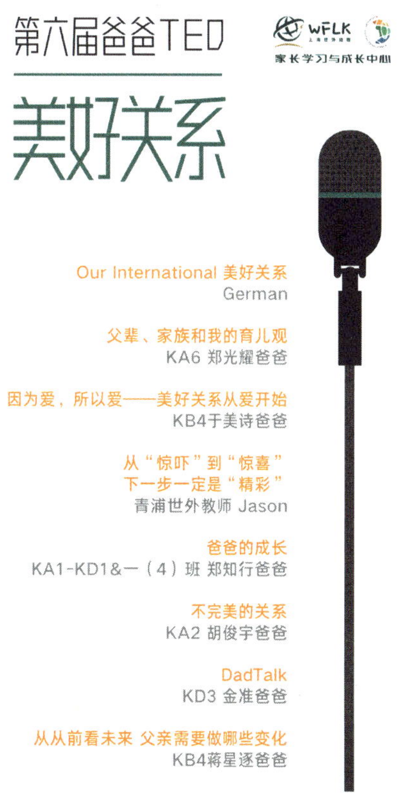

这里不仅能让家长进行育儿理念的交流，还可以成为其生活理念、兴趣爱好、资源共享，甚

图 1.2.5　爸爸 TED 活动宣传海报

图 1.2.6 祖辈进校园活动照

至是创造更多活动的空间。家长俱乐部让家长可以把自己的兴趣爱好展现出来，也可以提供各自的优势资源支持彼此。家庭与家庭之间形成了更多的互动，也让家长们看到了更多值得传承的家庭理念。

图 1.2.7 家长俱乐部活动照

（二）共构三方互融的优质支持体系——家校论坛

一年一度的"教育世家家庭教育高峰论坛"邀请海内外家庭教育的引领者作为分享嘉宾，参会嘉宾通过专题讲座、圆桌讨论和大型集体共创等方式共同探讨中国家庭教育的重要趋势、发展理论和现实路径。论坛的参与者不仅包括幼儿园的家长们，还有来自全国各地的教育界引领者、K–12学校、教育培训机构以及相关教育的从业者。家庭教育高峰论坛除了现场互动，还有线上联动，以辐射更多的家庭，使其受惠，将美好教育传进千家万户。

图 1.2.8　美好教育家校论坛活动照

在家长、学校、社会三方共创的家校论坛中，家长不再是一个被动的接受方，而是教育理念发展成长的共同参与方；学校不再是论坛内容的唯一主导者，而是通过聆听来自家长的需要，引入分享相关资源支持家长需求；社会力量成为有力的支持方，教育创新思维、先进的教育理念会及时通过论坛呈现在家长、学校面前。通过三方的碰撞、头脑风暴，找出可以有效支持家校社共育的内容，并将其引入校内。这样的模式，大大提升了家长的主动学习意愿，同时也使教师更乐意参与有"共识"的学习，让家长在日常实践中有了来自学校支持的可能。这些活动不仅仅为孩子的成长提供更优的支持体系，也增进了家长与教师的互动。

（三）荟萃优质家庭教育资源——在线教育平台

学校自主开发"教育世家"应用程序，通过"教育世家"线上平台，推送家长课程、亲子任务、幼儿课程等，逐渐打通家园社优质资源共享的通道。"教育世家"不仅是一个"家校通"平台，还是一个"学习"平台，将学校与社会优质育儿理念、方法集结在一个平台，家长可以在平台获取学习内容，还能与同班家长交流学习心得、践行成果。

图 1.2.9 "教育世家"应用程序线上课程界面

（四）教养融合、分合有序——深度工作坊

深度工作坊在前期调研的基础上，尊重家长的需求，开设了美好课程和美好养育两个专题工作坊。美好课程专题工作坊为了满足家长和美好课程深度连接的需求，每个学期组织 2 次活动。在这里，家长以最放松的状态在骨干教师的引导下，通过多样的形式对美好课程的理念与实施有更深更新的理解，从而形成共育美好幼儿的合力。美好养育专题工作坊聚焦家长当前核心的育儿困惑，专注各个年段家长不同的育儿焦虑。家长在领域专家的引领下，了解不同的育儿理念，学习各类不同的育儿策略，并通过分组共创等互动式、体验式的形式，与其他家长产生连接，家长在工作坊中豁然开朗。

深度工作坊在开放轻松的氛围中，应用互动体验的教学形式和丰富多彩的教学工具，

深度工作坊

美好课程专题
- 概念理解工作坊
- 超学科主题工作坊
- 能动性工作坊
- 学习社区工作坊
- ……

美好养育专题
- 父母成长工作坊
- P.E.T.工作坊
- 亲子关系工作坊
- 觉知养育工作坊

图 1.2.10 深度工作坊专题课程内容

图 1.2.11 深度工作坊活动照

架构"知道—做到"之间的桥梁。深度工作坊既有符合托—小—中—大不同年龄幼儿家长需求的主题，又有混龄专场。

四、以社会为责的美好品牌

（一）有高度的品牌追求

少年强则国强，"我们留下一个什么样的世界给子孙后代，在很大程度上取决于我们给世界留下什么样的子孙后代"。这是美好教育对于教育责任及社会责任的理解。美好教育始终秉持着教育是关系大众的公益事业，应取之于社会，回归至社会的理念，恪守公益属性，将社会责任摆在品牌建设的首要位置。通过各级各类课题研究、业内高规格学术交流平台等不间断分享幼儿园保教实践的案例、经验和理论，借助各种公益福利、家园联动、教育咨询等活动辐射社区及周边人群，做好家门口的幼儿教育，为普通百姓输送最好的教育资源，最大限度地促进教育公平。

（二）有温度的品牌效应

美好教育坚定地做践行国家教育意志的、面向社会大众的、主流教育系统下的幼儿教育。当美好教育的愿景、使命、价值观形成一种品牌效应，且能带动学校的发展和家庭的幸福，美好教育就能为中国的教育改革尽一份绵薄之力，这能印证出做美好教育的最大价值。因此，我们期待在公民办幼儿教育探索和融合的跑道上跑出新方法、新模式、新样态，更期待让孩子们在校园的每一刻都能体验成长的幸福，为将来的美好生活做好充分准备。

第二篇

打开美好课程：
我因课程而美好，
课程因我而精彩

美好课程以三大维度六大共性主题为经，以基础课程、特色课程和拓展课程为纬，为幼儿提供快乐而有意义的成长基地，让每个幼儿实现身体的我、情感的我、社会的我、认知的我、精神的我的完整发展，在体验美好中创造美好，充分彰显"我因课程而美好，课程因我而精彩"的理念，培育幼儿九大核心素养，为幼儿的终身发展奠定坚实的基础。

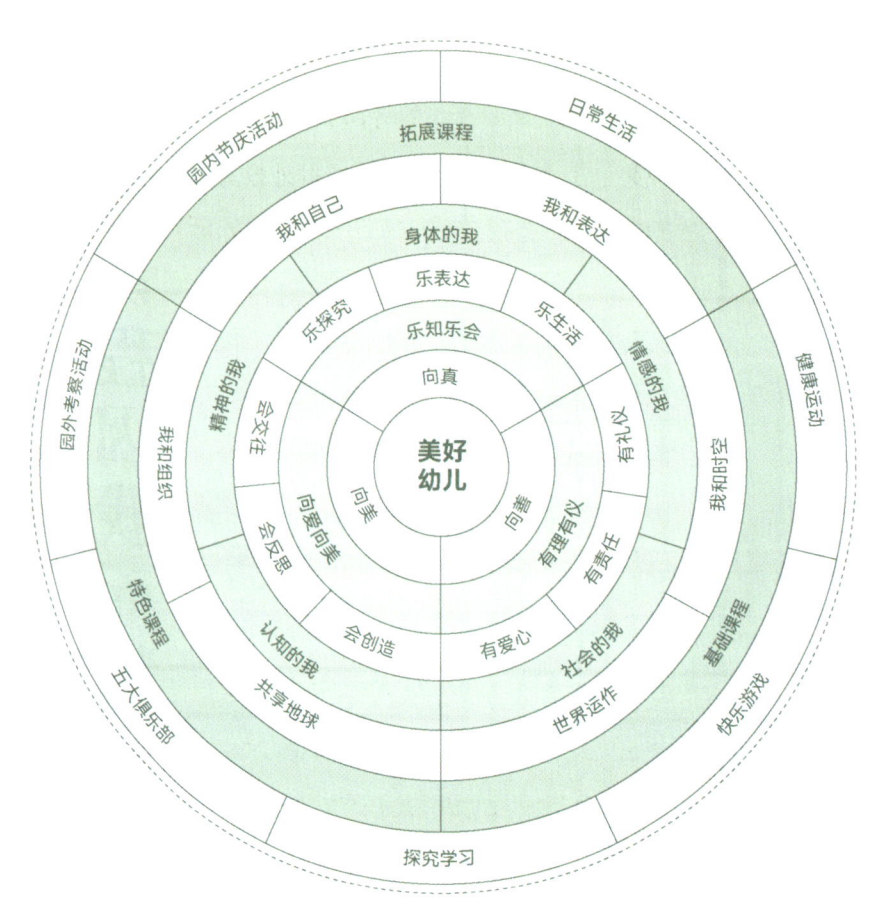

图 2.1.1 "美好课程"课程概览图

第一章 美好课程背景

一、课程来源

上海世外幼教集团落实核心素养，遵循教育部颁布的《3—6岁儿童学习与发展指南》等文件，结合地方课程成果（上海二期课改），传承世外教育品质和特色，融合国际文凭组织IB-PYP课程理念及框架，形成核心素养导向的美好课程体系。

二、课程理念

"我因课程而美好，课程因我而精彩"。

（一）理念依据

美好课程依据《上海市中长期教育改革和发展规划纲要（2010—2020年）》中提出的学前教育要"为儿童健康、幸福成长实施快乐的启蒙教育"和国际文凭组织IB课程使命宣言中提出的"鼓励世界各地的学生成长为既积极进取又富有同情心的终身学习者"，立足《上海市学前教育课程指南》"以幼儿发展为本"以及"幼儿发展优先"的课程基本理念，基于我国传统的教育哲学"童心主义"，在充分挖掘美好教育理念"世界因我而美好"的基础上，建构出"我因课程而美好，课程因我而精彩"的课程理念。

（二）内涵阐释

美好课程彰显了美好教育价值观的精髓。"世界因我而美好"的教育理念借由美好课程与幼儿的相互作用得以落实。"我因课程而美好，课程因我而精彩"的课程理念，既强调课程对儿童发展的支持和引领作用，又凸显儿童能动性对课程的生成作用。"世界因我而美好"的教育理念从课程与幼儿的相互作用中得以实现，同时打通了"世界—我—课程"三者之间的逻辑关联，使得教育理念与课程理念一脉相承。

我因课程而美好：美好课程是实现美好教育育人目标的载体。美好课程给予并创造"三维度、五层次"的学习与发展机会，让每个幼儿实现基于身体的我、情感的我、社会的我、认知的我、精神的我的全面和谐发展，追求认知的真、行为的善、精神的美，让幼儿在丰富、多元、挑战的课程体验中向真、向善、向美，收获美好进而创造美好。

课程因我而精彩：在幼儿个体潜能挖掘和个性特点彰显的课程实施中，美好课程关注并凸显幼儿的发言权、选择权和主导权，不断更新迭代课程要素的具体内容，以幼儿的学习与发展映射课程的价值，让课程在与幼儿互动中更加精彩。

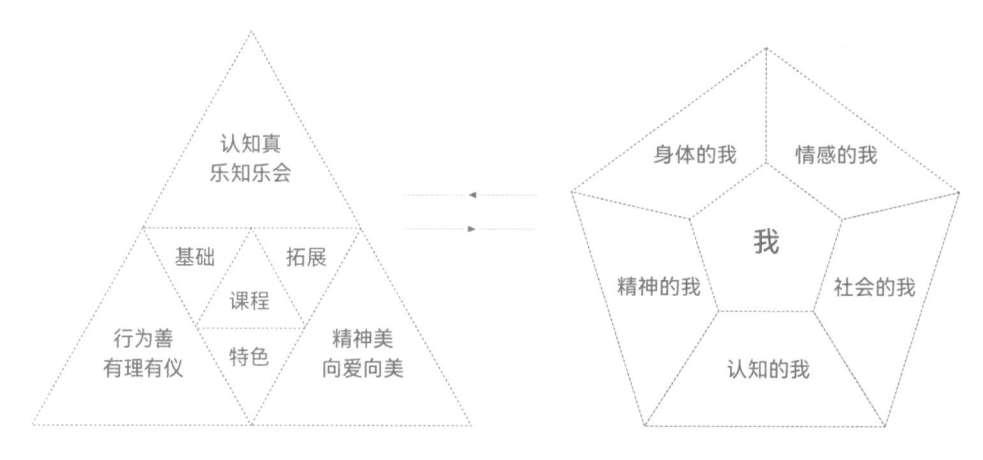

图 2.1.2 "我"与"课程"的关系示意图

第二章 美好课程样态

美好课程的样态通过九大核心素养的课程目标、六大共性主题整合课程内容、素养本位的项目化及表现性任务的评价四个向度展开。

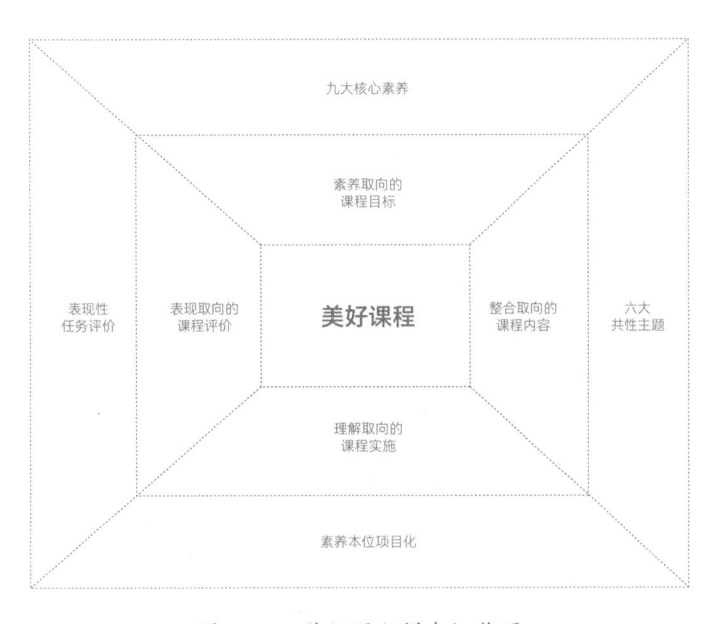

图 2.2.1 美好课程样态概览图

一、素养取向的课程目标

（一）培养目标

1. 目标内涵

美好课程总目标是培养每一个孩子具有"中国心、世界眼"，成为乐知乐会、有理有仪、向爱向美，具有面向未来的综合素养的小公民。

2. 目标依据

培养什么样的人，是教育的根本问题，也是课程的重要追求。美好课程培养目标的确立，除了依据教育部《3—6 岁儿童学习与发展指南》、国际文凭组织（IBO）中的十大学习者培养目标以及《上海市学前教育课程指南》中的目标外，还有一个重要的依据，就是教育部关于未来学生核心素养培育的要求。

美好课程坚守"核心价值"，就是要培养"向爱向美"，有"中国心、世界眼"，有理想的儿童；美好课程滋润"必备品格"，就是要培养"有理有仪"、有担当的儿童；美好课程注重"关键能力"，就是要培养"乐知乐会"、有本领的儿童。总之，美好课程就是把核心素养的要求落实到课程实践中，落实到每个孩子的发展中。

（二）课程目标

美好课程将培养目标分解为九大核心素养进行落实。

1. 目标内涵

表 2.2.1 美好课程九大核心素养

九大核心素养	素养描述
乐探究	对世界充满好奇心和求知欲，愿意以饱满的热情观察和发现，对信息进行收集、分析和运用，通过大胆尝试探索解决问题的方法。
乐表达	在倾听、阅读、理解的基础上，尝试用不同方式表达多元观点、想法和需要。
乐生活	愿意自我服务，能自我保护，享受运动，热爱劳动，乐观向上。
会交往	与人和睦相处，愿意分享，团结合作，懂得感恩，以大方自信的状态享受与人交往的快乐。
会反思	尝试审视自身和世界，能及时调控自己的想法和行为。
会创造	独立思考，敢于质疑，应对挑战，不轻言放弃。在广泛联系和积极行动中大胆想象与创造。
有爱心	助人为乐，纳己爱人，理解差异，善待生命，展现同情心。
有礼仪	尊师敬长，礼貌谦让，在不同的场合下言行有法、举止得体。
有责任	遵守规则，保护环境，爱集体、爱家乡、爱党爱国，尊重多元文化，形成国家认同，通过自己的行动让周围世界发生积极的变化。

2. 目标落实

在向真而探、向善而行、向美而生的追求之下，美好教育以"四全"为教育原则，通过素养取向的课程目标、整合取向的课程内容、理解取向的课程实施和表现取向的课程评价来建构美好课程，培养幼儿九大核心素养

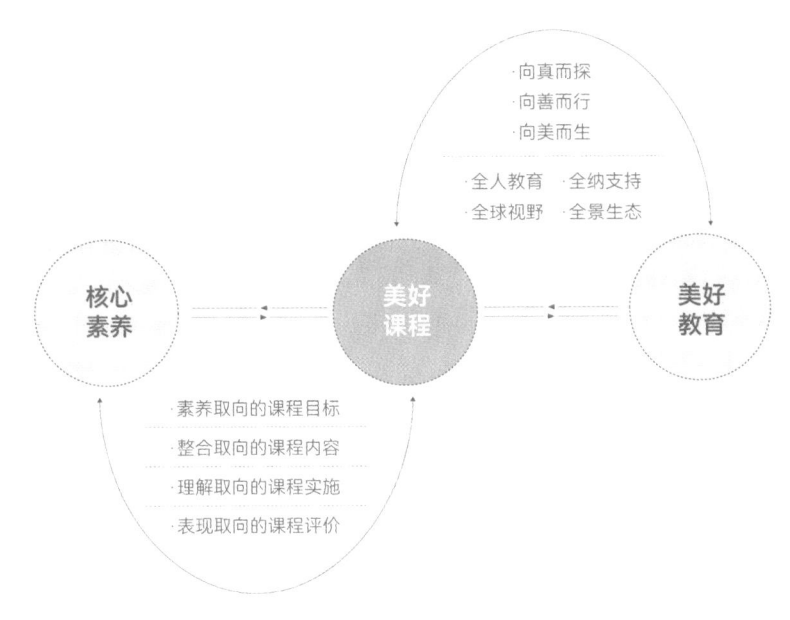

图 2.2.2 美好教育落实核心素养路径图

二、整合取向的课程内容

（一）结构概述

一个具有完整性的成长借助内在和外在的环境，受内在心性的指引。通过三大维度六大共性主题的应用，通过基础课程、特色课程和拓展课程，幼儿逐步建构和创造出一个完整且具有智慧的自我。

基础课程（基础性）：是为奠定幼儿终身学习和发展的基础而设置的课程。该类课程满足幼儿基本经验的积累和基本能力的发展，以上海市二期课改的教师参考用书为参照，借鉴吸收国际文凭组织部分官方文件中的理念与框架，设置了基础课程。

特色课程（深入性）：是指基于幼儿的兴趣、爱好和个性等学习与发展经验的深入性而设置的课程。特色课程以游戏性、开放性的学习空间为依托，旨在通过阅读俱乐部、艺

术俱乐部、科学俱乐部、心理沙盘游戏俱乐部及其他形式的俱乐部活动，促进幼儿自主性、创造性、个性化的发展。

拓展课程（广泛性）：是指为满足幼儿学习与发展经验的广泛性而设置的课程。拓展课程立足园内外广阔的学习社区资源，旨在通过园内节庆活动（健康运动周、世界文化周、美好阅读周、缤纷"六一"周等）和园外考察活动（行走中国、行走世界），增强幼儿"中国心，世界眼"的文化积淀，丰厚幼儿"世界因我而美好"的精神内涵。

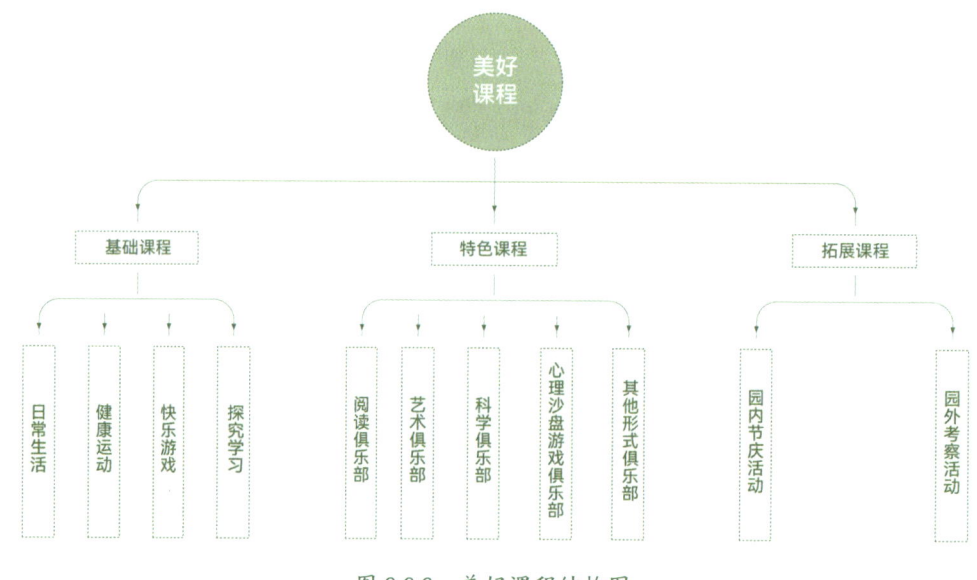

图 2.2.3　美好课程结构图

（二）课程内容

1. 三大维度六大共性主题

美好课程通过对人类共性主题的探究塑造美好儿童，从而确保课程内容的完备性。每个共性主题会侧重发展幼儿五个我中的不同层次，实现全人教育的目标。

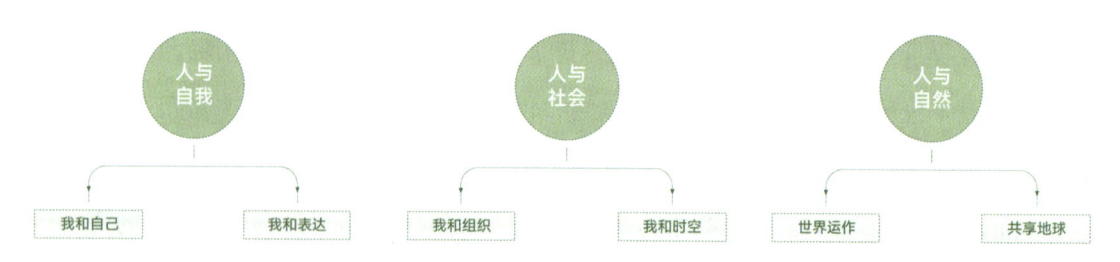

图 2.2.4　三大维度六大共性主题图

（1）我和自己（身体的我 & 情感的我 & 社会的我）

"我和自己"指向对自我本质的探究。了解自己的需求、成长变化、角色身份、责任与服务以及健康的生活方式；对人际关系、生命意义的理解和探究；形成自我价值感和社会归属感。

（2）我和表达（情感的我 & 认知的我 & 精神的我）

"我和表达"指向对自我表达的探究。欣赏和应用不同的表达形式和多样的传播方式，感受语言和艺术的力量；探索大自然、文化、情感、情绪的表现形式，通过想象和创造表达观点与意义。

（3）我和组织（社会的我 & 认知的我 & 精神的我）

"我和组织"指向对人类创造的各种组织和系统的探究。了解组织、系统的结构与功能；探索经济活动对人类与环境的影响；理解制度、规则的重要性，以及人类在组织中的创造性。

（4）我和时空（情感的我 & 社会的我 & 认知的我）

"我和时空"指向对时间和空间的探究。探索不同文化下人类文明中的共通性和独特性；了解我们在时空中的定位，回顾过去、预见未来。

（5）世界运作（情感的我 & 认知的我 & 精神的我）

"世界运作"指向对自然规律和科学原理的探究。对自然现象的观察和自然规律的初步了解；科学原理与认识自然、科技进步的关系。

（6）共享地球（社会的我 & 认知的我 & 精神的我）

"共享地球"指向对环境保护和资源共享的探究。探索自然环境、自然资源对人类生存的重要意义；生态系统的构成要素和生态平衡；理解与他人及其他生物分享有限资源时的权利与责任。

2. 基础课程

在三大维度六大共性主题之下，基础课程以日常生活、健康运动、快乐游戏和探究学习的形式展开。

（1）日常生活

日常生活主要指生活自理、交往礼仪、自我保护、环境卫生、生活规则等方面的活动。生活活动是一种养成性的教育活动，在饮食、睡眠、盥洗、整洁、来园、离园等日常生活中进行，旨在让幼儿在真实的生活情境中自主、自觉地发展各种生活自理能力，形成健康的生活习惯和交往行为，在共同的生活中能够愉快、安全、健康地成长。

(2) 健康运动

健康运动主要指体操、器械运动、自然因素锻炼等活动，旨在提高幼儿身体素质、动作协调能力和适应环境的能力，促进幼儿大小肌肉的发展，养成良好的运动习惯。通过各种形式的健康运动，让幼儿体会运动对身体和心理的解放，养成热爱运动和良好的运动习惯，奠定终身运动的基础。

(3) 快乐游戏

快乐游戏主要指幼儿自发、自主、自由的活动，有角色游戏、建构游戏、沙水游戏、表演游戏等。游戏活动能发展幼儿的想象力、创造力和交往合作能力，促进幼儿情感、个性健康地发展。教师要在游戏中对幼儿进行关注和引导，主要包含以下四方面：

- 积极的情感体验，让幼儿在自由感、安全感、成功感的体验中，获得愉悦、乐观和自信。
- 主动的认知表现，让幼儿在多样化探索、多途径表现过程中，进行发现、想象和创造。
- 充分的同伴交往，让幼儿在玩伴关系中认识自己和他人，逐步产生合作意识、规则意识。
- 自发的动作练习，让幼儿在环境诱发的身体运动和双手操作中，实现动作的协调和灵活。

(4) 探究学习

探究学习是三大维度六大共性主题下的超学科学习，以探究为主要学习方法。通过讨论、阅读、操作、听赏、制作、表演，以及收集信息、实地参观等活动，旨在基于概念驱动，通过协作探究的方式，让幼儿建构对自己和更加广阔的社区、世界的理解，为终身学习打下良好的基础。

3. 特色课程

在三大维度六大共性主题之下，特色课程主要有阅读俱乐部、艺术俱乐部、科学俱乐部、心理沙盘游戏俱乐部等活动。

(1) 阅读俱乐部

阅读俱乐部，旨在以不同类型文学作品和纸质印刷品（如绘本、地图、贺卡、留言本和说明书）等为材料，以 iPad 和智能笔等电子媒体设备为手段，通过前阅读与前书写的活动，让幼儿感受到阅读的趣味性，了解印刷品的功能，丰富图书知识，培养幼儿热爱阅读的情感，以及提高阅读能力和倾听表达能力，拓展幼儿的探究体验，提升幼儿的信息素养，培养终身阅读的习惯。

表 2.2.2　阅读俱乐部幼儿基本经验与内容示例

基 本 经 验	内容示例
1. 通过形式多样的阅读活动，如角色扮演、木偶戏、讲故事、游戏、多媒体互动、对话等为幼儿提供表达自己的机会，激发幼儿阅读兴趣，培养阅读习惯，让幼儿获得愉快的阅读体验。 2. 丰富幼儿不同类型文学作品的阅读经验，培养幼儿阅读的方法和习惯，在潜移默化中获得对语言美的敏感性。 3. 通过多种途径（包括信息技术，如阅读机器人等）支持幼儿建构语音、文字和图画之间的意义，鼓励幼儿积极倾听，主动表达。 4. 提供各种机会（叙述性讲述、说明性讲述和观点辩论等）和环境（阅读角落、晨间阅读角、公共阅读角、班级阅读角、绘本室等），促进"阅读"和"运用"之间的转换，促使幼儿将在阅读中获得的语言经验扩展到日常生活中。 5. 提供各种材料，激发幼儿将阅读经验通过写写画画转换为视觉语言的行为。	• 自主阅读指导 • 线上阅读马拉松 • 小小图书管理员 • 亲子共读 • 分享阅读 • 幼儿为主角的对话阅读 • 图书漂流 • 主题阅读

（2）艺术俱乐部

艺术俱乐部，旨在通过戏剧表演、创意美工、舞蹈律动、音乐表达等活动，开展能调动幼儿多感官参与的多种艺术形式的活动，激活幼儿对大自然、生活和不同艺术作品中美的感受力，发展幼儿对美的大胆表现与创造。

表 2.2.3　艺术俱乐部幼儿基本经验与内容示例

基 本 经 验	内容示例
1. 通过不同形式的艺术活动，让儿童在身临其境中打开多种感官，享受艺术之美。 2. 提供幼儿可以自由探索的安全环境和开放性的艺术材料，帮助幼儿通过各种艺术形式大胆地、新奇地表达与表征自己的观察、思考、感受、想象和创造。 3. 通过游戏化的方法，培养幼儿良好的姿态以及高雅的气质，增强幼儿身体协调能力，培养幼儿对舞蹈的感受力、想象力和表现能力，给孩子美和艺术的熏陶。 4. 通过感受不同戏剧表演的风格，拓展幼儿的思维方式，支持幼儿在戏剧表演活动中大胆想象、敢于表现，鼓励幼儿积极表达自己对于艺术作品的理解、想象和创造。	• 戏剧表演 • 创意美工 • 舞蹈律动 • 音乐表达

(3) 科学俱乐部

科学俱乐部，旨在通过观察感知、符号记录、动手操作、积极反思和合作交流等科学探究活动，鼓励幼儿在与材料、环境和同伴的互动中，探索科学现象，解释生活中的科学问题，建构启蒙的科学经验，以提高科学素养，并培育幼儿热爱科学的情感和态度。

表 2.2.4 科学俱乐部幼儿基本经验与内容示例

基 本 经 验	内容示例
1. 将捕捉到的生活中的科学现象呈现给幼儿，制造让幼儿惊讶的情境，激发幼儿探索欲望和好奇心。 2. 引导幼儿对各种科学现象进行观察、猜想、质疑和验证，丰富幼儿动手动脑去发现和解决问题的经验。 3. 创设各种环境和契机，积累幼儿使用各种工具（不限于科学工具，如放大镜、显微镜、天平等，还可以是学习社区中的其他类型工具，如订书机、钉子、螺丝、螺母等）和技术的应用经验（电脑、3D打印等）。	• 奇妙的太空（日月星辰等） • 蓝色星球（奇妙自然现象等） • 声光电磁力等（物理世界） • 人体奥秘 • DIY 趣味小实验 • STEAM 课程（工程设计） • 3D 打印（图形与结构） • 编程／机器人（创客课程）

(4) 心理沙盘游戏俱乐部

心理沙盘游戏俱乐部，旨在创设自由、接纳的游戏氛围，无条件地接纳幼儿情绪和状态，让幼儿通过沙盘这一载体，以幼儿游戏的形式自由表达，释放内在自我。俱乐部以自发性的沙盘游戏为主，以指导性的沙盘游戏为辅，适当增加幼儿心理健康教育为导向的团体辅导。在沙盘游戏过程中，幼儿将自己难以用语言表述的心理状态和情绪表达以沙盘作品的形式展现出来，为教师了解幼儿精神世界打开新窗口。借助对幼儿沙盘游戏的作品分析与成人对幼儿表现的反馈，实施发展性心理健康教育与补偿性心理健康咨询与辅导。

表 2.2.5 心理沙盘游戏俱乐部幼儿基本经验与内容示例

基 本 经 验	内容示例
1. 充分的自主沙盘游戏经验，在玩沙池的过程中自我治愈。 2. 天马行空的自由幻想，创造性的沙盘游戏经验。	• 自我认知 • 自我体验 • 自我调节 • 同伴关系 • 亲子关系

4. 拓展课程

围绕三大维度六大共性主题，拓展课程包括园内节庆活动（健康运动周、世界文化周、缤纷"六一"周、美好阅读周等）和园外考察活动（行走中国、行走世界）。

（1）园内节庆活动

健康运动周

通过多样化的体育活动激发幼儿对运动的兴趣，增强幼儿体质。在个人项目、班级集体项目和家庭项目中，鼓励幼儿既能敢于挑战，勇于克服困难，又能团结协作，体验竞技活动的刺激和愉悦，培养幼儿正确对待输赢的观念，家园共创亲子互动的良好氛围。

表 2.2.6　健康运动周幼儿基本经验与内容示例

基 本 经 验	内容示例
1. 通过室内外游戏化的运动，让幼儿充分体验到运动的乐趣，建立运动的规则意识，化解冲突。 2. 通过个体竞争和团队竞争等运动形式，鼓励不同年龄段和不同运动发展水平幼儿的合作交往，积累成功体验。 3. 通过引导幼儿与父母一起运动，增进亲子感情，培养彼此的信任感。	• 亲子趣味运动会 • 春游 • 秋游

世界文化周

世界文化周，旨在以国内外传统节日为媒介，有效调动幼儿听觉、视觉、味觉、触觉等感知系统去体验不同文化的服饰、建筑、饮食和礼仪等，让幼儿初步产生广泛的文化认同，体会不同文化的多元一体。

表 2.2.7　世界文化周幼儿基本经验与内容示例

基 本 经 验	内容示例
1. 在自由、愉悦的节日氛围中，让幼儿体验节日中的趣味，欣赏节日中的美，初步感知和发现不同文化的独特性。 2. 通过丰富的环境创设和动态的节庆活动，让幼儿初步感知并理解各种节庆象征符号所蕴藏的情感寄托和文化信仰。 3. 以庆贺和游艺等民俗活动形式让幼儿体会真实的社会生活，在人际交往中积累分享和谦让等经验。	• 春节 • 元宵节 • 清明节 • 端午节 • 中秋节 • 国庆节

续 表

基 本 经 验	内容示例
4. 建立不同节庆活动之间的联系，在各种节日庆典的社会互动中，引导幼儿初步体会本民族文化和其他文化的相似和不同之处，发展对多元文化的尊重、包容和吸收。	• 重阳节 • 万圣节 • 感恩节

缤纷"六一"周

缤纷"六一"周，旨在以幼儿生命的律动为切入点，通过一系列形式开放的活动，引导幼儿乐于尝试不同的艺术表征方式，记录成长的记忆，共享集体情感体验。

表 2.2.8　缤纷"六一"周幼儿基本经验与内容示例

基 本 经 验	内容示例
1. 让每位幼儿都有参与、欣赏和表现的机会，让幼儿在展示自己的过程中获得满足感。 2. 在形式多样的艺术活动中让幼儿积累多层人际互动经验，如混龄互动、同伴互动、家园互动和师幼互动等。 3. 在毕业典礼活动中，让幼儿学会感恩，学会表达。	• 儿童节 • 毕业典礼

美好阅读周

美好阅读周，以"世界读书日"为契机，结合六大共性主题，旨在激发和提升幼儿阅读兴趣，通过多种形式的阅读成果展，分享阅读体验，支持幼儿沟通和表达能力的发展，融入书香世界，成为终身阅读者。

表 2.2.9　美好阅读周幼儿基本经验与内容示例

基 本 经 验	内容示例
1. 用多种策略理解阅读材料。 2. 结合自己的生活经验，通过不同的方式表达自己的阅读体验。	• 角色扮演 • 阅读小达人

(2) 园外考察活动

园外考察活动，旨在以社会实践和中外研学旅行为载体，通过行走社区、行走家乡、行走中国、行走世界等系列活动，延展幼儿学习社区，将探究式学习和旅行体验相融合，开阔幼儿视野，增加实践阅历，提升综合素养。

表 2.2.10　园外考察活动幼儿基本经验与内容示例

基 本 经 验	内 容 示 例
1. 引导幼儿具有安全出行的意识和行为，习得爱护公共设施、遵守公共秩序、尊重各地区风俗和习惯等文明旅游的经验。 2. 让幼儿了解基本的旅行生活所需的装备和技能。 3. 在实地参观、亲身体验和合作交流中，让幼儿能在已有经验基础上勇于尝试，敢于创新地解决问题。	● 社会实践 　（主题实践、营地教育） ● 中外研学旅行 　（中国之行：行走社区、行走家乡、行走中国 　大世界之旅：自然之旅、艺术之旅、科学之旅、学习之旅）

三、理解取向的课程实施

理解取向的课程实施透过概念将知识、技能、态度与情感进行统整，通过结构化的单元设计，为幼儿创设自我建构、自我成长、自我创造的学习体验。从体验上升概念的认知过程，形成"我的……""他的……""世界的……""我与我的……""我与他的……""我与世界的……"在体验和形成概念之后，延展的想象力和创造力才会发生，而美好教育的三大维度六大主题正是围绕这一进程展开。

（一）实施原则

1. 自主性原则

美好课程赋予教师课程自主权，激励教师能动性地实施各类活动。不同专业发展阶段的教师均可立足幼儿学习与发展的实际需求，在捕捉一日生活课程契机和教育机会的基础上，灵活选择、把握课程内容和课程组织形式。同时，基于不同类别课程实施的需要，教师可以自主协商、调整一日生活的课程时间、学习空间安排。同时，教师在课程实施中，也应相信幼儿，鼓励、支持幼儿自主生活与学习，自主发展与成长，成为更独立、更自信、更自主的儿童。

2. 规范性原则

美好课程以关注幼儿发展质量为导向，要求教师立足幼儿生理和心理发展的特点、幼儿基本经验和能力，科学、适切、合理地组织和安排各类课程。课程设计的规范聚焦课程理念的落地，课程实施的规范围绕课程目标的达成，课程评价的规范关注课程内容的有效。教师要避免游离于课程理念和目标之外的课程实施，提升基于幼儿发展优先的课程领导力。

3. 整合性原则

美好课程以统整性的原则架构各类课程及活动。因此教师在课程实施时，要关注经验的整合要求。在横向上关注幼儿各领域经验的平衡、均衡以及各领域间的渗透性，既要关注幼儿的全面发展，又要尊重幼儿的特点，整合不同教育方式和活动形式；在纵向上关注幼儿各年龄阶段经验的连续、递进与衔接，发挥各类课程和活动最佳组合的整体效应。同时，整合性原则还体现在对各类课程资源的统整上。要求宏观上对整个学习社区（园内、园外）的课程资源予以搜寻、识别和利用，微观上基于班本课程的实际需要对课程资源予以争取、调配和运用。

4. 生成性原则

美好课程是基于预设、循证生成的动态性课程。教师在有目的、有计划实施各类课程的过程中，要注意观察、记录、分析和选择幼儿即时生成的适宜性内容、幼儿当前感兴趣的活动，将其作为课程实施的素材，并提升为可操作的活动计划或方案，通过班组实践、年级共享、全园推广的专业审议，不断完善课程结构，更新课程内容。

5. 游戏化原则

美好课程是缔造美好童年、演绎童年幸福的课程。教师要尊重幼儿爱玩的天性，珍视幼儿会玩的天赋，尊重幼儿游戏的权利。一方面，要切实保证幼儿自主性游戏的时间和享受各类游戏的机会，把握游戏中的课程价值；另一方面，要在各类课程和活动中贯彻游戏精神，融入游戏化、情境化的要素，提高活动的效能。

（二）实施方法

1. 大观念是知识转化为核心素养的媒介

（1）何为大观念

大观念也被译为大概念。对大观念的研究最早可追溯到20世纪60年代美国教育家布鲁纳所提出的"学科基本结构"，任何学科都拥有一个基本结构，掌握学科基本结构就可以建立起知识间的联系，遇到问题情境能进行应用和迁移。同时期的美国认知教育心理学家奥苏贝尔提出的"要领概念"是指对事物整体性的认知，具有持久性和代表性。

埃里克森（2018）指出大观念是一种抽象概括，它们是在事实基础上产生的深层次的、可迁移的观念，是对概念之间关系的表述，具有概括性、抽象性、永恒性、普遍性的特征。威金斯和麦格泰格（2017）认为大观念是对个别的事实和技能赋予意义和联结之概念、主题、问题。

大观念的"大"是相对的大，大观念本身有不同的层次。大观念是课程设计和实施的隐线，不是直接告诉幼儿的，而是通过结构化的设计，基于幼儿经验，创设不同情境，使幼儿通过亲身体验、动手操作、反思调整、互动交流等进行个体建构和社会建构来实现理解的。

（2）大观念与核心素养

核心素养体现了在大观念的引领下，整合学科概念、知识和能力去探究真实世界，形成可迁移的能力和理解的本质（夏雪梅，2022）。大观念的理解与运用是核心素养的本质要求，促进学习迁移的大观念有助于落实核心素养（邵朝友，崔允漷，2017）。

2. 概念驱动下以终为始的项目化学习是落实核心素养的重要手段

（1）概念驱动探究

研究者普遍将概念分为"宏观概念"和"微观概念"两类。宏观概念是超越学科领域的广博概念，跨情境的迁移性更强，能为整合思维提供较高层次的概念性视角。微观概念则更为贴近具体学科，能为学生提供更有深度的学科理解。大观念建立在对宏观概念和微观概念的理解之上。

IB项目的课程设计也包含两种概念，分别为"重要概念"和"相关概念"。重要概念跨越不同学科、跨文化、范围广、组织性与迁移性强，与宏观概念的内涵相一致。相关概念扎根具体学科，更详细地对重大概念进行探究，为特定学科内容的深入学习提供焦点，与微观概念的内涵相对应。

透过概念的滤镜可以将庞杂的信息进行整合，建立不同信息间的关联，在面对不同的情境时可以进行广泛的迁移，进而创造性地解决问题。如果没有概念，事实性知识将处在零散水平上，概念可以让学生将事实性知识作为材料的内容来进行抽象性概括。基本事实和技能是理解概念的原材料。概念的习得要经历比事实、主题更长的时间，但是一旦习得了概念，学生能产生更深刻和持久的迁移。我国《3—6岁儿童学习与发展指南》中明确学前教育旨在为幼儿终身学习奠定素质基础，尤其在科学领域也出现了一些概念的提法，如超学科概念"变化"："能通过观察、比较与分析，发现并描述不同种类物体的特征或某个事物前后的变化"；如超学科概念"功能""关系"等："能发现常见物体的结构与功能之间的关系"。

美好课程中的项目化学习借鉴IB-PYP（国际文凭组织小学项目）课程中"形式""功能"等超学科概念，融合学前儿童领域教学知识（PCK）和《3—6岁儿童学习与发展指南》，并邀请幼儿教育和大观念专家提取与论证领域概念，通过超学科概念和领域概念的驱动达成深度探究。

（2）以终为始的设计

美好课程将威金斯与麦克泰格提出的逆向设计思路引入项目化学习设计中，在结构化设计的三阶段导航下达成理解。

第一阶段：对标核心素养，确定项目目标。对标美好课程九大核心素养，确定基于共性主题大观念理解之下的项目化学习目标。

第二阶段：提出本质问题，确定核心任务和评价量规。本质问题是引发持续的思考与探究的问题，是通向理解的钥匙（麦克泰格，威金斯，2015）。本质问题能有效减少教师盲目灌输的风险，随着项目化的深入，幼儿对本质问题的理解也在发生变化。本质问题没有固定的答案，和问题的表述形式无关，并不是"是/否"问题一定就不是本质问题，而是在于该问题是否需要调动高阶思维，如推理预测等指向学科或跨学科领域概念的探究。

第三阶段：设计问题链，预设任务群。问题链和任务群是本质问题的具象产物——驱动性问题的衍生品。问题链和任务群具有趣味性、情境性、真实性的特点，尽管二者并非单纯的一一对应关系，但二者却共同为驱动性问题的解决服务，更为幼儿的概念性理解提供抓手和搭建轨道。问题链是驱动性问题之下由一个个子问题所构成的问题集合，借由与项目推进阶段相匹配的任务群，幼儿能在三个阶段的项目推进中，通过动手操作、亲身体验和直接感知不断迭代自己对概念的理解。

3. 美好课程项目化实施模型

通过在实践中不断地反思与沉淀，美好课程初步形成了素养本位项目化实施模型，如下图。

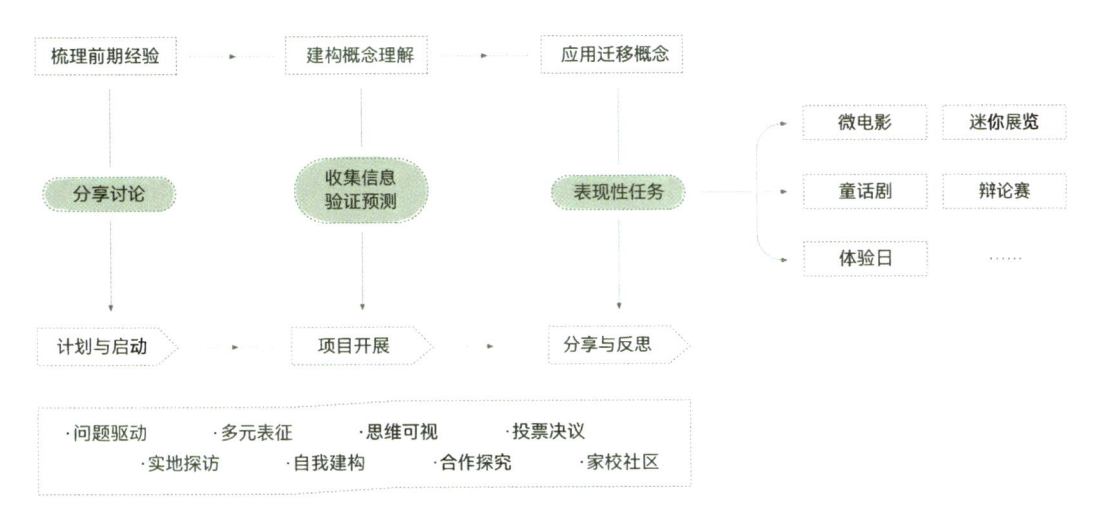

图 2.2.5　素养本位项目化实施模型图

在项目化实施的计划与启动阶段，通过不同形式的分享讨论梳理幼儿关于探究主题的前期经验。在项目开展阶段，鼓励幼儿通过多种渠道收集信息，不断验证自己的预测，从而建构对概念的初步理解。在分享与反思阶段，通过基于幼儿经验和兴趣而设计的具有挑战性的表现性任务的方式，给予幼儿应用迁移概念理解的场景。不同类型的问题驱动、根据项目需要的实地探访、家校社区联动等策略被灵活应用在项目的不同阶段。

四、表现取向的课程评价

（一）评价原则

1. 发展为先

美好课程的课程评价贯穿于课程设计与实施的全过程。美好课程的评价要坚持以发展为核心的价值取向，将持续性和优质性发展作为课程评价的方向。

课程评价是了解儿童的兴趣点、发展的挑战点等的手段，理解幼儿最近发展区，激活新旧经验的联结，对幼儿进行适宜的引导，从而逐渐促进幼儿身心和谐、富有个性地发展。课程评价是促进和支持教师专业发展的重要参考，不断优化课程结构，提升课程内容品质和实施成效。

2. 反思为重

美好课程的课程评价以学习社区评价共同体的反思为生长点。基于多元主体的评价视角，关注幼儿、班级教师与保育员、教研组长、保教主任、园长、家长和社区人员在课程建构、实施中的主体地位，以自评为主，他评为辅。重视对课程评价结果作出的科学解释与因素分析，发挥课程评价的反思性功能。

反思的内容主要是对教师教育理念、教育态度、教育行为、教育效果等课程领导力的反思，可以是教师对儿童敏感性的捕捉和个别化支持的反思，也可以是对课程实施过程中目标、内容、方式、年龄适宜性的反思。

3. 调整为要

美好课程的课程评价是对课程实施与开发进行价值判断的过程。基于美好教育的愿景及理念，美好课程经历实践、反思、优化和完善的发展路径而逐渐成熟化、体系化、科学化。要坚持对教师发展、幼儿发展、课程发展进行基于评价证据的反馈与调整，促进课程建设与有效实施。

（二）评价方式

1. 为什么是表现导向的课程评价

核心素养与知识不同，是在大观念引领下实现知识、技能、态度的超越和统整。核心素养导向下的课程评价重点在于幼儿素养的形成，不再是知识的获得，这就意味着评价方法要随之做出调整。

《义务教育课程方案和课程标准（2022年版）》明确提出"创新评价方式方法。注重动手操作、口头报告等多种方式的综合运用，关注典型行为表现，推进表现性评价"。表现性任务评价是指在真实或模拟真实的情境中，运用评分规则对学生完成复杂任务的表现或作品做出判断的过程，是最适合素养评价的方式之一（崔允漷，2023）。希尔（2019）特别指出了"激励情境"是表现性任务的一个组成部分，这里的激励情境指的是和学生的生活经验、兴趣密切相关，激发学生参与和投入的情境。比如在我们"请你听我讲故事"的项目化案例中向陌生人推广自己录制的《菲菲生气了》故事音频就是一种激励情境。

2. 幼儿园表现性任务评价怎么做

《幼儿园教育指导纲要（试行）》指出："评价的过程，是教师运用专业知识审视教育实践，发现、分析、研究、解决问题的过程，也是其自我成长的重要途径。"美好课程表现性评价的旨归是让幼儿借助真实的情境、真实的任务和真实的表现实现素养导向下的发展，即教师对幼儿探究过程中关联核心素养的学习证据进行持续性收集和分析，为幼儿的概念性理解搭建学习支架，以实现评价的最终目的——促进幼儿的发展，并借由幼儿的发展实现美好教育生态圈的良性运作。

表现性任务评价主要包括表现性任务设计和评分量规设计两个部分。美好课程的表现性任务设计要体现逆向性兼顾前瞻性，评价量规设计要体现全面性兼顾差异性。在美好课程项目化学习中表现性任务可以是展现理解的设计，如小船、安全锁等；也可以是在互动场景中展现理解，如小小植物博览会、打造热带雨林等；还可以是在语言肢体表达中展现理解，如《三只小猪》童话剧、一场辩论赛等。美好课程项目化学习的评分量规以项目指向的核心素养为评分维度，结合具体任务以及《3—6岁儿童学习与发展指南》制定评价指标，制定评估等级（E：优秀，超出成功标准，G：良好，满足成功标准，Q：合格，接近成功标准，D：需努力，远未达到成功标准），最后以观察记录表、轶事记录表、学习故事等质性评价工具为主，各类行为检核表为辅，完成评估等级的具体描述。

第三篇

聆听美好故事：追求核心素养的发展

在对身体的我、情感的我、社会的我、认知的我和精神的我的探索中，幼儿逐渐基于"我是谁""我们是谁"的指引，将"人与自我""人与社会""人与自然"形成真实联结，从而在"我和自己""我和表达""我和组织""我和时空""世界运作"以及"共享地球"的共性主题探究中，发展核心素养，根植"中国心、世界眼"，体验与践行"世界因我而美好"。

第一章 人与自我

"人与自我"维度下聚焦自我本质和表达的探究,经由自己对自我的探索,建立和世界的联结。

表 3.1.1 "人与自我"维度下项目化学习故事概览表

人 与 自 我			
我和自己 |||我和表达		
指向对自我本质的探究。了解自己的需求、成长变化、角色身份、责任与服务以及健康的生活方式;对人际关系生命意义的理解和探究;形成自我价值感和社会归属感。 |||指向对自我表达的探究。欣赏和应用不同的表达形式和多样的传播方式,感受语言和艺术的力量;探索大自然、文化、情感、情绪的表现形式,通过想象和创造表达观点与意义。		
项目化学习故事	概念	项目化学习故事	概念
成为超级英雄 (小班)	身份认同	请你听我讲故事 (中班)	表达沟通
成长"变"—"辩" (大班)	成长与变化	三只小猪,我们这样演 (中班)	观点差异

我和自己

成为超级英雄

——胡晓虹

在"人与自我"维度之下"我和自己"共性主题探究中生成了"成为超级英雄"这一项目化学习。在项目实施的计划与启动阶段,教师通过"我心目中的超级英雄"海报分享的方式讨论梳理幼儿的前期经验。在项目开展阶段,教师鼓励幼儿通过《超人总动员》这一动画素材的讨论以及超级英雄巡游的方式来不断收集信息,通过对英雄人物的外在特征和内在品质的模仿来建构积极的自我概念。在分享与反思阶段,教师引导幼儿将超级英雄的品质迁移到日常生活,强化自我身份认同。

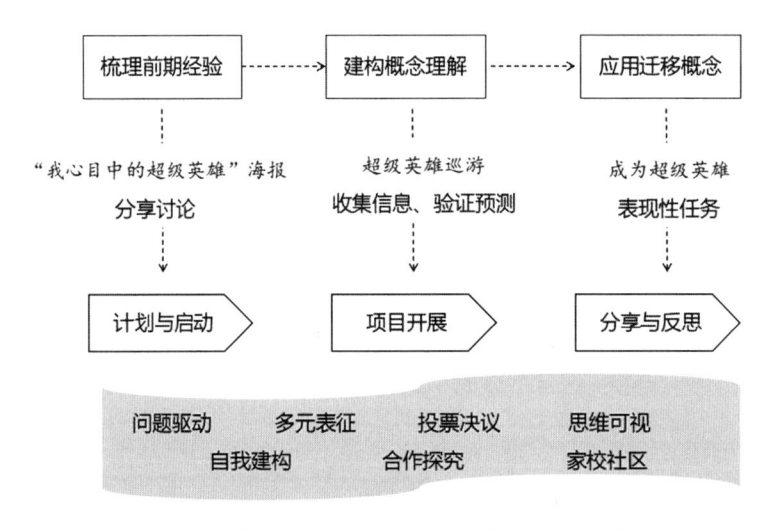

图 3.1.1　素养本位项目"成为超级英雄"实施模型图

一、项目背景

(一)项目来源

在共性主题"我和自己"的探究过程中,教师发现班级中比较多的女孩们喜欢动画偶像艾莎公主,她们会不厌其烦地穿蓬蓬的公主裙,要求梳美美的公主发式。班级区角中公主的装扮物,如项链、手链、化妆玩具、王冠等变得炙手可热,甚至泛化到对蓝色物品争夺抢要。男孩们喜欢模仿奥特曼打怪兽的行为,但有时难免伤到同伴或自己。

幼儿沉浸于对偶像装饰物的收集,并热衷于模仿偶像的行为。然而,伴随着这些行为,不可避免地产生了一些冲突。教师如何看待和面对这种现象呢?禁止幼儿模仿"偶像"显然不可取,简单的说教效果又甚微,于是,教师开始思考借助偶像的力量来减少冲突的可能性。

(二)项目价值

1.借力"超级英雄"强化身份认同

当幼儿在摆弄偶像装饰物、模仿偶像行为的时候,其实是对"我是谁"的一种探索方式,是自我意识觉醒的体现,也是幼儿不断寻找自我身份认同的过程。4—7岁幼儿处于身份确认敏感期,"我是警察""我是霸王龙""我是小锡兵""我是白雪公主",孩子们会给自己一个又一个身份。在幼儿园里,经常有穿着白雪公主服装的幼儿,你必须叫她白雪公主她才答应你。我们可以在幼儿身份确认的过程中,观察到他们开始通过自己的偶像来表达自己和建构自我。通过对幼儿模仿超级英雄装扮和行为的了解,教师决定帮助幼儿建立积极的自我概念。

2.通过驱动问题内化"超级英雄"品质

基于幼儿经验,教师通过驱动性问题设计活动,从海报呈现具象的自己心目中的超级英雄,到引入服装相同的超人总动员,再到投票和讨论,通过服饰装扮和行为表现进行超级英雄的巡游,逐渐引导幼儿理解——我也能成为超级英雄。幼儿在不同的游戏化情境中充分感受英雄人物的外形装扮和行为特性,把自己的性格与之配对,逐渐内化形成自己人格的一部分。

二、项目概述

年龄段	小班	项目时长	4周
核心素养	乐表达 会交往		
发展领域	语言 社会	项目目标	借助"超级英雄"表达自己,模仿"超级英雄",树立积极的自我概念。

本质问题	如何成为超级英雄？	核心任务	成为超级英雄
任务群	• 英雄海报分享 • 超级英雄巡游 • 成为超级英雄		

三、项目过程

（一）计划与启动

1. 驱动问题

为什么他/她是我心目中的超级英雄？

2. 过程描述

"为什么他/她是我心目中的超级英雄"这一话题，引发了幼儿的分享欲望，也激发了幼儿间的积极互动。通过在爸爸妈妈帮助之下制作的海报，小朋友们向同伴分享自己心目中的英雄。

图 3.1.2　幼儿分享心目中的英雄

表 3.1.2　幼儿分享"心目中的英雄"海报内容分析

分享维度	要素分析	数量统计
喜爱英雄人物的类型	真实人物	3
	动画人物	16
喜爱英雄人物的原因	外形	7
	超能力	14

麦昆、汪汪队、艾莎、孙悟空……每个幼儿心目中的超级英雄大不同。虽然他们喜欢超级英雄的原因不尽相同，但主要是外形吸引和内在品质崇拜。通过对幼儿海报分享的梳理，从上面的表格我们可以看到，大多数幼儿喜爱的"英雄人物"是动画片中的角色，只有3个幼儿分享的是真实人物，这与小班幼儿当前的生活经验相关，他们还没有太多对真实生活中英雄人物的认知。幼儿对英雄人物喜欢的原因有的只提及外形或能力，如"艾莎的裙子很漂亮""小马宝莉会飞"；也有的幼儿两个方面都有提及，如"花木兰替父从军，带兵打仗。她非常酷，绑着头发，像男孩子一样""铠甲勇士的衣服很可怕，他会打坏人"等。

表 3.1.3 "心目中的英雄"内容（节选）

幼儿心目中的英雄海报	幼儿对心目中的英雄介绍
	妈妈会在自己欺负姐姐的时候保护姐姐；在炎热夏天，发现路上的蚯蚓即将干涸，妈妈为它浇上水，拯救了小蚯蚓的生命；妈妈在游泳池救了一位溺水的陌生小朋友。
	薇薇穿着公主裙介绍了白雪公主，白雪公主美丽，有漂亮的妆容和服饰。有一位同伴提出了问题："为什么白雪公主是英雄？"而薇薇的回答是："白雪公主有美丽的裙子、画眼影、有漂亮的头箍。"

3. 阶段反思

通过海报的制作和分享，一方面扩展了幼儿关于超级英雄的经验，另一方面为教师通过幼儿对偶像行为模仿看见背后的原因打开了一扇窗户。在幼儿分享海报的过程中，发现许多小女生对《冰雪奇缘》中的艾莎公主情有独钟，艾莎的服饰以蓝色为主色调，而非传统粉色，更拥有冰封的超能力。艾莎从被父母呵护的公主转变为了一个拥有全国统治权、关爱子民和妹妹的有力量和责任感的女性形象。更为有趣的是这些喜欢艾莎的小女生的妈妈都拥有时尚、独立和干练的共性。相较之下，小男生在海报中表现的兴趣则更多集中在具有力量和战斗能力的角色上，如奥特曼、蜘蛛侠和孙悟空等。这些角色不仅身体强壮，能够应对强大的对手，而且在小男生们的心中拥有近乎无可替代的地位。

通过这些海报分享，我们不仅能较为直观地读取幼儿自我意识中关于英雄概念的早期形成，还能看见性别差异在兴趣和角色认知上的体现。在幼儿的成长过程中，性别角色意识已经开始形成，并在他们的审美选择和理想人格塑造中发挥着重要作用。

（二）项目开展

1. 驱动问题

什么是超级英雄？

2. 过程描述

（1）借助动画人物剖析英雄形象

借助《超人总动员》中一家五口的故事情节，剖析家庭成员是否可以称为英雄。首先出示爸爸角色，幼儿认为他强壮、抓坏人、力大无穷，完全符合超人的标准。其次幼儿对妈妈角色产生质疑，因为她不会飞、没有抓坏人，所以不是超人。但幼儿在观看到动画后期时发现，妈妈为救爸爸驾驶飞机、保护孩子，并能够与坏人搏斗，他们的观点发生了变化，认为妈妈符合超人特质。

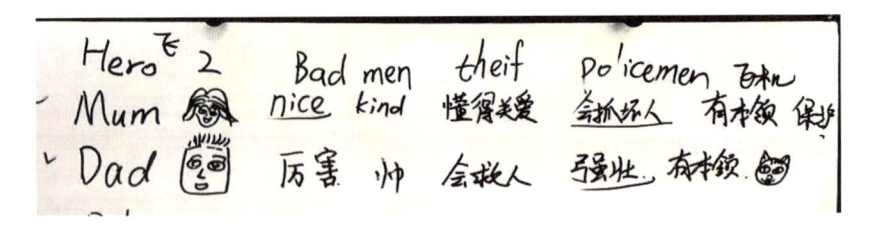

图 3.1.3 超人总动员讨论图

对幼儿"什么是超级英雄"的观点梳理如下：
- 英雄应具备优于常人的本领，如特异功能、魔法、超快速度等；

- 英雄勇敢、善良、正义，会第一时间打败坏人；
- 英雄都会保护人或保护动物或保护地球等；
- 英雄还能隐匿于生活中，做好生活中该做的事，等到需要他们的时候才变装出现。

（2）超级英雄大投票

① 投票进行时

在幼儿搜罗的英雄人物中，投票选出大家最爱的英雄，并记录选择理由和每一个投票幼儿的名字。

图 3.1.4　投票最喜爱的超级英雄

幼儿选出票数最多的英雄是艾莎、蜘蛛侠、奥特曼、花木兰。

② 对投票结果进行讨论

反思与验证"英雄应具备哪些特质""我们的偶像是否符合英雄特质"。讨论罗列英雄应具备的品质，通过"是与否"的方式，每个幼儿表达了自己对偶像英雄的评价。在讨论中幼儿发现"飞""穿披风"并不是每一个英雄人物都具备的，并非英雄必备。因此，幼儿一致赞同剔除这两项英雄特质。

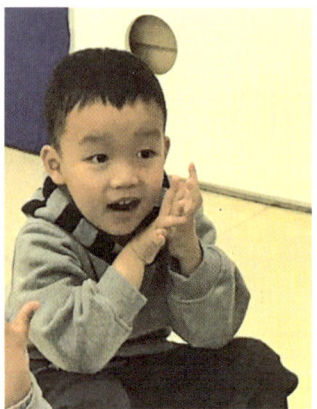

图 3.1.5　梳理英雄的品质

③ 如何成为英雄

幼儿一起思考英雄是怎样的，他/她能做什么。根据讨论结果，幼儿思考我们在教室里可以怎样学习英雄的本领。

（3）超级英雄巡游准备

① 分组扮演

幼儿对投票选择的英雄人物，与组队伙伴一起进行深入的角色扮演。四名幼儿坚持自己的喜好，只想演绎自己海报中的英雄人物，他们成立"英雄联盟"小组。蜘蛛侠、艾莎小组人数较多，幼儿自由组合"艾莎组"和"蜘蛛侠组"。

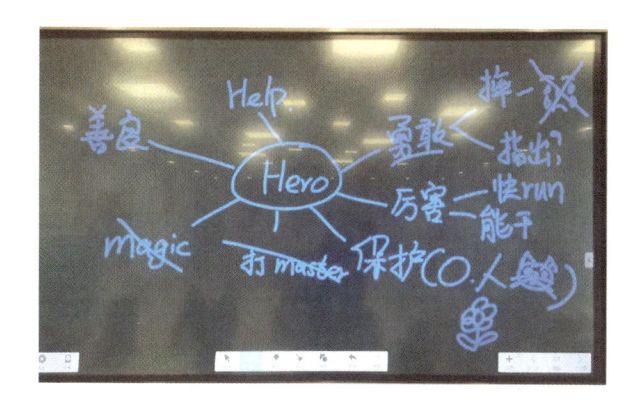

图 3.1.6　如何成为英雄讨论图

图 3.1.7　超级英雄巡游分组图

② 学习社区协助

"英雄联盟组""艾莎组""蜘蛛侠组"以多种表现方式，如儿童短剧、歌唱、舞蹈等来展现超级英雄。小组角色分配、出场顺序、台词内容、服装道具准备等均以幼儿的想法为主导，在家长的协助下，幼儿通过线上或线下的方式讨论超级英雄巡游的分工与合作。

图 3.1.8　线下／线上分组讨论

随后幼儿以小组为单位，进行巡游练习。

图 3.1.9　小组排练

排练中幼儿对于出场、表现内容逐渐清晰明了，对英雄巡游开始期待。

3. 阶段反思

在项目计划与启动阶段，幼儿聚焦于某一个具体的英雄人物进行介绍。在介绍自己的英雄时，通常介绍的是人物的某些显著特点或事迹，如奥特曼打怪兽、花木兰替父从军、一休聪明爱动脑、麦昆速度很快、艾莎公主很美丽等。当脱离了具体的自己熟悉和喜欢的英雄人物后，幼儿能展现出对英雄人物怎样的理解呢？当引入了《超人总动员》动画素材时，其中英雄人物的服装都是相同的，这就将帮助幼儿更多地关注英雄的品质。幼儿先是否定了"超人妈妈"是英雄，在反思中，他们修正了观点，认同了"超人妈妈"是英雄。通过超级英雄大投票和讨论环节，幼儿对英雄人物的理解更稳定地倾向于内在的品质。

因为有超级英雄这一连接，幼儿间的合作也变得更顺畅。爸爸妈妈在协助过程中也对幼儿模仿超级英雄这一行为有了更深入的了解，在家庭当中也更加理解与尊重幼儿模仿超级英雄这一需求。

（三）分享与反思

1. 驱动问题

如何成为超级英雄？

2. 过程描述

（1）超级英雄巡游进行时

小朋友穿上自己准备的英雄装扮，以小组形式，进入同年级其他班级表演并进行英雄巡游。

蜘蛛侠1组：展示+宣讲　　　　　　　　蜘蛛侠2组：舞蹈+宣讲

图 3.1.10　蜘蛛侠1组巡游　　　　　　图 3.1.11　蜘蛛侠2组巡游

英雄联盟小组：展示+歌唱+宣讲　　　　　艾莎1组：舞蹈+宣讲

图 3.1.12　英雄联盟小组巡游　　　　　　图 3.1.13　艾莎 1 组巡游

艾莎 2 组：歌舞+宣讲

图 3.1.14　艾莎 2 组巡游

花木兰小组：吟诵《木兰辞》+宣讲

图 3.1.15　花木兰小组巡游

（2）我也能成为超级英雄

① 像超级英雄一样，做好自我管理

自理能力较弱的幼儿慢慢开始自我服务了，也能通过语言尝试解决同伴间的冲突了。个别内向的幼儿表现得更为大胆自信，即使在身体不便期间，也积极来园参与超级英雄的活动。

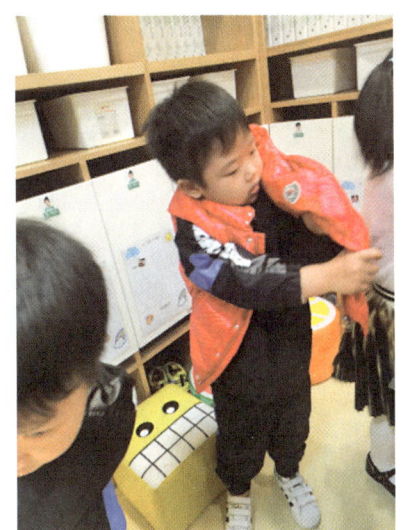

图 3.1.16　幼儿自信参与超级英雄活动

森森曾以他的独特个性在班级中独树一帜，他对红色的偏爱显而易见，无论是衣物、水壶还是其他用品，都首选红色。在绘画时，他坚持只用红色进行涂色，选择彩纸也必定青睐红色。这种对红色的执着甚至导致了他与同学多次因为争夺红色彩笔、彩纸和积木而发生争执，进而影响了他在班级中的人际关系，同学们不太愿意和他一起玩耍。然而，在超级英雄的讨论中，我们发现原来他的偶像是动画中的一辆红色跑车"麦昆"。他被麦昆所代表的速度与激情所吸引，而动画中唯一红色的麦昆成为了他向往成为的偶像。我们通过对英雄角色的进一步探讨，帮助他在小组展示中选择了同样红色的蜘蛛侠。他意识到蜘蛛侠不仅拥有速度，更具备超能力，能利用蛛丝快速穿梭，战胜强大的敌人，并默默地帮助他人。在美术活动中我们惊喜地观察到森森在模仿艺术家草间弥生的作品时，开始尝试用彩色波点来装饰画纸，他开始尝试红色之外颜色的应用。与此同时，他在与同伴的互动中更愿意通过语言沟通来解决冲突。

图 3.1.17　森森参与超级英雄活动

② 像超级英雄一样，帮助更多的人

面对打着石膏的同伴，幼儿表现出关爱同伴、鼓励同伴、为同伴画石膏等行为。幼儿开始像英雄偶像人物一样，保护他人、关爱他人。

图 3.1.18　班级幼儿关爱受伤的同伴

幼儿开始自主地帮助同伴垫汗巾，为其他人扶住门，方便大家通行。班级幼儿自发以英雄为榜样要求自我，例如，遇到之前完全不喜欢也不会吃的食物，他们联想到花木兰打仗时的艰苦环境，便会去尝试着吃一吃了。

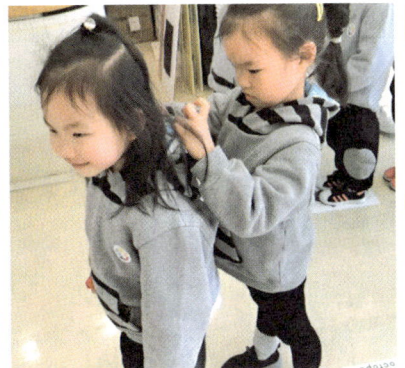

图 3.1.19　超级英雄日常行动

3. 阶段反思

在超级英雄巡游准备过程中，男生组中有两组选择了蜘蛛侠，一组选择了英雄联盟。在蜘蛛侠组中，男生们原本崇拜的对象大多是奥特曼，但在主题讨论过程中，他们对蜘蛛侠从一名普通学生意外获得超能力的故事产生了浓厚的兴趣，期待自己有朝一日也能遇到类似的奇遇。他们认为蜘蛛侠穿上装备就能化身为英雄，默默守护身边的人，而脱下装备后又能回归平凡的生活，这种双重身份让男孩们觉得非常酷炫。

在英雄联盟组中，男孩们从主题开始就坚持着自己的偶像选择，从未动摇。他们的偶像是消防员、解放军、孙悟空和奥特曼。这四个角色都具有保卫和守护的责任心，因此他们组成的小队被命名为"英雄联盟"。在宣讲中，他们对各自英雄的特点和崇拜原因进行了详细的阐述，比其他小组更为丰富和饱满。

在女生组中，有两组艾莎和一组花木兰。艾莎组的父亲们在小组讨论中表现出了极高的参与热情，他们主动组织女孩们进行了一场圆桌会议。另一边，花木兰组的女生特点同样突出，更为巧合的是她们的母亲都是职场女强人，既注重自我形象，又高效地经营着自己的事业。花木兰组的女生以一副英姿飒爽的古装扮相，展示了她们的独立。

在超级英雄巡游的前、中、后期幼儿逐渐将英雄人物的品质迁移到日常生活中，不仅提升了自我管理能力，同伴间的互助行为也更多了，之前那种不可避免的冲突减少了。

四、项目反思

（一）虚构英雄人物到现实英雄品质的转化，支持幼儿从他律到自律转换

通过对自己喜欢的虚构英雄人物的着装和言行的模仿，幼儿认识和体验我的存在。随着对英雄品质的深入探讨，幼儿对超级英雄的模仿逐渐脱离直观和外在的行为，转化为对稳定品质的喜欢与模仿，从他律走向自律。如原本班级中男生扮演奥特曼打怪兽的行为锐减，女生不再执着于争夺和艾莎相关的装饰物，幼儿开始像英雄一样关爱他人，共同解决矛盾。

（二）学校、社区联动助力家园共育理念一致性

在"成为超级英雄"项目化学习活动前，家长就协助幼儿一起制作了"心目中的英雄"海报，由此还引发了亲子间关于心目中英雄的话题交流，家长们也非常热衷于分享那些自己童年时期喜欢的英雄人物的故事。在项目过程中，家长协助且饶有兴趣地倾听幼儿关于超级英雄巡游的合作与交流，并提出建议。在项目进展到尾声的时候，家长非常直观地感受到了幼儿的成长变化。在整个过程中，通过幼儿的作品和表现，家长们更加了解了幼儿对虚构英雄人物的喜欢背后的原因，也更能顺应幼儿的需求，家园共育理念更为一致，为幼儿进行自我身份探索提供良好的氛围与支持。

五、总结性评价量规

评价维度	评价指标	D	Q	G	E
乐表达	能有意识倾听同伴关于超级英雄的分享。				
乐表达	会借助动作、表情、图画等方式辅助自己关于超级英雄的观点表达。				
会交往	知道自己的优点和长处，有积极的自我认知。				
会交往	和同伴交往中能友好地提出请求。				
会交往	在成人的指导下不争夺玩具。				

评价等级说明

E=Excellent: 优秀，超出成功标准
G=Good: 良好，满足成功标准
Q=Qualified: 合格，接近成功标准
D=Developing: 需努力，远未达到成功标准

我和自己

成长"变"一"辩"

——程依华、苏金阳

在"人与自我"维度之下"我和自己"共性主题探究中形成了"成长'变'一'辩'"项目化学习。在项目实施的计划与启动阶段，教师通过"教师成长秘籍"引导幼儿去发现和比较自己与同伴的成长变化，梳理幼儿的前期经验。在项目开展阶段，教师支持幼儿动手创造与建构心目中的理想小学，带领幼儿步入小学参观校园环境和体验学习氛围，并从和小学哥哥姐姐的互动交流中不断丰富对幼儿园和小学异同的理解。在分享与反思阶段，教师以"幼儿园好还是小学好"辩论赛的方式来展现幼儿在这一探究单元中的概念性理解，并邀请家长参与，从而形成幼小衔接家园的合力，支持幼儿从幼儿园顺利过渡到小学，成为一名小学生。

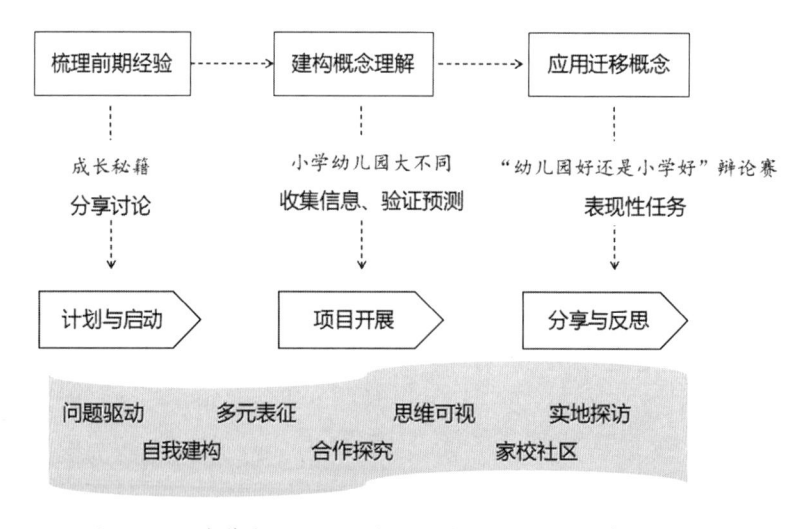

图 3.1.20　素养本位项目"成长'变'一'辩'"实施模型图

一、项目背景

（一）项目来源

大班下学期，幼儿即将离开幼儿园，他们既有对幼儿园老师和同伴的不舍，又有对小学的好奇，而随着幼儿对小学生活有了更多的了解，他们又逐渐萌发出对小学生活既憧憬又担忧的矛盾心理。因此，在大班的最后一个阶段，我们开展了"成长"主题探究活动，希望通过此次探究让幼儿更深刻地理解共性主题"我和自己"，更真实地了解小学生活，为应对幼升小这一变化做好充分的身心准备。

（二）项目价值

1. 客观看待成长

项目内容围绕着成长与变化展开，这是幼儿在临近幼小衔接、身份转换时不可回避的重要命题。对成长的观点与接受程度，影响着幼儿心理的自尊自爱和自我认同感发展。通过本项目，我们引导幼儿客观看待成长中的各种转变，从转变中发掘转机。

2. 从容应对变化

成长中已经发生的变化，和进入小学后将要发生的变化，是现阶段幼儿所热切关注的。幼儿的观点容易受到周遭成人的暗示与影响。这些想法如果偏离实际情况，不能兼纳不同观点，则容易对幼儿产生一定的心理压力。在本项目中，幼儿有机会探寻发现有关小学的客观真实状况，收获自己的亲身体验；也能够通过准备和参与辩论赛，表达自己、倾听他人，逐渐发展对社会的全面认知，形成辩证的思维，从而为进入小学做好充分的身心准备，提升其应对环境变化的适应能力。

二、项目概述

年龄段	大班	项目时长	6周
核心素养	乐生活　乐表达　会反思		
发展领域	语言 社会	项目目标	感知成长与环境的变化，理解事物的多面性。

基本问题	如何采取行动以适应变化的环境？	核心任务	迎接小学
任务群	• 发现成长变化 • 探秘小学 • "幼儿园好还是小学好"辩论赛		

三、项目过程

（一）计划与启动

1. 驱动问题

我们如何看待自己成长的变化？

2. 过程描述

（1）点亮成长：发现变化，记录变化

经过一个寒假的短暂分别，大班幼儿回到幼儿园，开启了在幼儿园最后的时光。教室门口设置的"点亮你的成长"的签到环节，引导他们关注自己的成长。

为了让幼儿直观地看见自己的成长变化，我们组织了一场"我的成长"记录活动，幼儿自己动手，使用卷尺、体重秤等工具，对比小班入园时的体检报告，记录和对比自己在

图 3.1.21　幼儿在新学期的签到板上点亮自己的灯　　图 3.1.22　幼儿互相协助记录身高

这几年间的生长变化。幼儿兴奋地向同伴诉说着:"你看,我比之前长高了 20 多厘米!""我长得比你更多!我都快长了 30 厘米。""我的身高好像没长那么多,不过我的体重倒是涨了好多斤啊!"

在"我的成长"活动中,他们还观察、对比刚入园的自己和现在的自己在活动中的表现的变化,并用绘画、符号的形式将这些变化记录下来。他们指着自己的作品,讲述着自己的成长故事,分享着成长的喜悦。在交流中,幼儿发现了彼此之间成长变化的共同点和不同点,加深了对自我和同伴的认识。

我们将幼儿成长的变化收集在一个盒子里,并命名为"成功秘籍"。任何时候,幼儿都能随手抽出其中的一张,回顾一下自己或同伴是如何成长变化的。当幼儿手握自己和别人的"成功秘籍"相互交流时,也是他们对成长变化的回顾与反思。

图 3.1.23　幼儿抽取"成功秘籍"交流成长体验

(2) 探索成长的甜与苦

通过对自己各方面变化的梳理与反思,在相互的讨论和观点交流中,幼儿逐渐发现成长令人开心的同时,也带来了一些他们不喜欢的状况。

我们共同讨论,并梳理出了成长令人开心之处:

- 本领变大了,知道了更多的知识,能参与的活动更多了;
- 更愿意交流,更喜欢合作,能和更多的人协作;
- 更加懂得关爱,有能力帮助其他人,拥有更多朋友。

幼儿也发觉成长可能并不都是快乐的,一致认为的"不快乐"有:

- 由于身体变大了,那些喜欢的衣服、鞋子都穿不上了,有时身体还会不舒服,比如换牙、生长痛;

- 自由的时间越来越少，爸爸妈妈管得越来越多。

（3）未来的我们会变成怎样

当提及"成长"的话题时，幼儿总会展现出对未来的好奇与期待，其中绕不开的话题就是未来自己将成为一名"小学生"。小学里的教室是怎样的？老师会是什么样的？会不会有更多的朋友？这些未知的因素让他们对小学充满了憧憬，还有些许的担心。

3.阶段反思

通过感知与探究，幼儿已经积累共同的成长变化的经验和感受。我们鼓励幼儿按照时间顺序回忆和讲述自己从小到大的成长经历，从而感受成长的连续性和变化性。我们还组织幼儿围绕身体的变化和本领的变化进行讨论，让幼儿意识到成长的多样性。在分享的过程中，幼儿发现了自己与同龄人在成长方面的相同之处与不同之处，认识到每个人的成长经历都是独特的。

（二）项目开展

1.驱动问题

（1）你认为小学是什么样的？

（2）小学和幼儿园有哪些相同和不同？

2.过程描述

（1）设想心目中的小学

大班幼儿或多或少从家长、老师、哥哥、姐姐的口中听说了跟小学相关的事情，他们模糊地感受到自己的生活将会面临一些变化。在班级的区角游戏中，我们以打造"我心中的小学"为重点，给予幼儿想象与建构的空间，进行自由探索和创造。

① 建构区的"我心中的小学"

室内外建构活动的主题是"我心中的小学"，幼儿使用积木和其他建构材料，搭建出他们心中理想的小学。在这个过程中，幼儿不仅要考虑学校的整体布局，还要关注各个功能区的设置，如教室、操场、图书馆等。他们开动脑筋，发挥创造力，与同伴合作，共同搭建出一个个别具一格的"小学"。

图 3.1.24　幼儿在室内外建构区搭建"心目中的小学"

② 美工区的"理想中的小学"

幼儿除了动手搭建积木外，还喜欢通过绘画的方式，来展现自己理想中的小学。一些幼儿可能会画出色彩斑斓的校园，而另一些幼儿则可能更注重细节和真实感的呈现。

(2) 踏入小学世界

图 3.1.25　参观小学

① 实地探访小学新环境

在探访过程中，幼儿走进小学校园，步入教学楼，走进图书馆，体验小学氛围。有的幼儿发现小学的操场很大，但是没有滑滑梯；有的看到小学有很多不一样的教室，教室里有很多桌椅，还有电脑，但是没有玩具可以玩；还有的关注到哥哥姐姐上课的时候每个人都有一张小课桌，幼儿园里只有大桌子……幼儿通过观摩小学课堂，感受到小学生哥哥姐姐们专注听讲、积极发言的学习氛围，这种氛围对于即将步入小学的他们来说，无疑是一种激励和启发。

② 比较幼儿园与小学的不同之处

通过对比，幼儿梳理出幼儿园和小学在形式上存在诸多不同。除了在环境空间上的不同之外，幼儿园的生活都是以游戏和活动为主，在较为宽松的一日生活中自我服务、自主游戏以及探究发现等。而小学的生活则更加强调规则与纪律，哥哥姐姐每天有多种学科的课堂学习，还要完成各项作业。

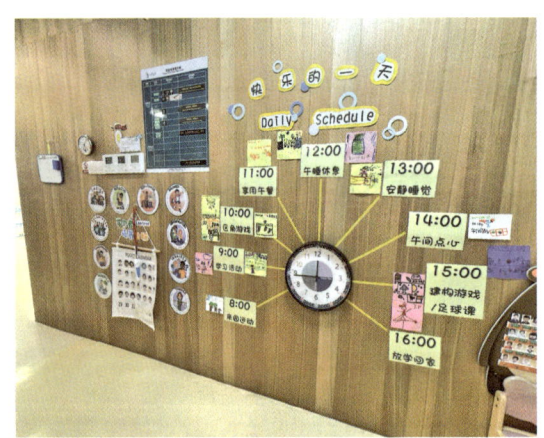

图 3.1.26 探校后记录梳理在小学的见闻

(3) 与学长学姐互动交流

① 整理疑惑：小学，还有多少是我不知道的？

幼儿有许多好奇：小学的课程是如何安排的？小学生们是如何学习的？小学生的作业是怎么样的？每个小学都一样吗？小学的校园生活和自己现在的生活还有什么不同？老师邀请幼儿以图画、符号的形式将自己的疑问记录下来，并在班级问题墙上展示出来。

图 3.1.27　幼儿交流自己的新困惑

② 邀请哥哥姐姐：面对面交流解答疑惑

为了解答幼儿的疑惑，我们邀请小学生哥哥姐姐来到幼儿园。哥哥姐姐们带来了自己的小学课本、作业本和校服，详细介绍了小学的课程安排、学习方法、校园生活以及与同学们的互动方式。他们还分享了自己在小学遇到的困难和挑战，以及是如何克服这些困难的。

图 3.1.28　邀请小学生哥哥姐姐到幼儿园交流

在听过哥哥姐姐们第一轮解答后,幼儿继续思考,现场又生成了新的问题,包括:"你最喜欢上什么课?""你上小学的时候会哭吗?""上了小学回家之后真的只能做作业,不能玩了吗?"哥哥姐姐们耐心地回答每一个问题,让幼儿感受到了来自大朋友的温暖与关爱。

(4) 多维表达,形成观点

实地体验和交流后,我们设计了一系列活动,鼓励幼儿用多种方式展现他们对小学和幼儿园的理解,形成观点与见解。在这个活动中,穿插了一个有趣的故事——"小阿力上学校"。"小阿力"在第一次走入小学时,遇到了很多困难,幼儿将通过整合自己对小学的认识,帮助"小阿力"解决他遇到的难题。

① 艺术创作:描绘小学与幼儿园的不同风貌

在艺术创作环节,幼儿用绘画的形式描绘出了他们认识到的小学和幼儿园的样子。有的幼儿画出了小学的教学楼和操场,让"小阿力"更加清晰地了解小学的样子,找到自己想要去的地方;有的幼儿则更愿意画出幼儿园的玩具和游乐设施,表现出他们非常喜爱和留恋幼儿园的温馨和乐趣。

② 角色扮演:体验小学生身份

在角色扮演环节,幼儿通过扮演小学生和幼儿园小朋友的角色,体验了不同年龄段的生活和学习方式。他们模仿小学生上课、做作业和课间活动,也模仿幼儿园小朋友的游戏、午餐和午睡。以这种角色扮演的方式,帮助"小阿力"更加适应小学的生活,同时也令幼儿更加珍惜当下的生活和学习环境。

③ 互动讨论:分享对小学和幼儿园的观点

通过讨论,幼儿分享了对小学和幼儿园的看法和期待。有的幼儿认为小学的学习会更

图 3.1.29 幼儿表达自己对小学的理解和观点

加严肃和深入，而有的幼儿则期待在小学能够结交更多的朋友。不同观点的讨论与碰撞，不仅增进了幼儿之间的交流和理解，也让老师们更加了解幼儿的想法和需求，广泛地收集幼儿的观点，为下一阶段的辩论赛设计准备了素材。

3. 阶段反思

（1）好奇心与探索欲引发探究

幼儿探索幼儿园与小学的不同，是基于他们的问题与关注点所引发的探究过程。通过实地考察、艺术创作、角色扮演等探究项目，幼儿能够更直观地感受小学的生活和学习氛围，并在此基础上开展有深度的思考，形成自己的观点。

（2）活动中渗透概念

幼儿对幼儿园和小学的探究非常贴合他们的生活实际，通过前期设想—实地探访—交流检验，渗透对"形式""变化""责任"这些概念的理解。成长带来变化，变化产生挑战。为了应对挑战，我们着力于探究幼儿园与小学在"形式"等方面的异同。在认知与新奇体验中，幼儿萌发出承担成长"责任"的意愿，从而正视不可回避的成长与变化。

（三）分享与反思

1. 驱动问题

（1）你觉得幼儿园好，还是小学好？

（2）我们该如何调整自己以适应小学生活？

2. 过程描述

（1）观点表达

当幼儿开始接触并了解小学的生活后，他们产生了不同的观点与喜好、犹豫和矛盾：有的幼儿更喜欢幼儿园的生活，而有的幼儿则更向往小学的生活。

① 喜欢幼儿园

理由：幼儿园的生活更加自由、有趣，有更多的游戏和玩耍的时间。此外，与老师和同学的关系也更加亲密和融洽。

担忧：对小学的严格纪律、更多的学习任务和考试感到担心和害怕。

② 喜欢小学

理由：小学的生活更加丰富多彩，能接触更多未知的领域。此外，新的学习任务和挑战也让他们感到兴奋和期待。

担忧：对幼儿园的离别和与新同学的相处感到不安。

（2）观点碰撞

① 整理已有经验

首先，我们为幼儿设计了辩论资料袋，里面装有多张可供幼儿记录想法的纸和笔。我们鼓励幼儿回忆并分享在幼儿园和小学参观的经历，整理出各自认为好的方面。幼儿会说："我就是觉得幼儿园好！因为我就是喜欢这里。"我们也不认为这是错误的，因为孩子的辩证思维能力还未成型，他们会坚持自己的观点，而不会使用摆事实、举例子等方式来支持自己的观点，也难以根据他人的观点去反思自己的观点。

② 搜集证明资料

图 3.1.30　运用电子产品搜集相关资料并记录

幼儿根据自己的意愿分成两组，分别代表"幼儿园好"和"小学好"的观点，并根据自己的观点选题，准备辩论材料。有的幼儿提出在自由时间去图书馆看看有关小学或幼儿园的书；有的幼儿向老师求助想通过电子产品进行搜索；有的幼儿回家向父母、哥哥、姐姐寻找答案。我们引导幼儿通过绘画、拍照、采访等方式，记录能够支持自己观点的证明资料。

③ 参与辩论

在充分搜集到资料之后，幼儿迫不及待想要开始这场辩论，要通过自己自信的发言去说服对方认同自己的观点。辩论赛中，教师鼓励幼儿用清晰、有条理的语言阐述自己的观点，并用具体的例子和资料来支持自己的立场。同时，也要学会倾听对方的观点，尊重对方的表达。

"我觉得幼儿园好，是因为幼儿园里可以睡午觉，让我觉得很舒服。"

"我觉得小学好，因为小学里不用睡午觉，中午的午休时间可以让我做更多我想做的事。"

"我觉得幼儿园好，因为幼儿园有很多时间可以在户外运动和做游戏，让我们更健康。"

"我觉得小学好，因为在小学里的每种课上都能学到不同的知识，让我们更加聪明。"

图 3.1.31　正反双方在辩论现场

当幼儿围绕"幼儿园好，还是小学好"展开辩论时，他们最初可能带着对某一阶段的偏爱或偏见。然而，经过激烈的讨论和尝试说服对方的过程，他们逐渐发现，无论是幼儿园还是小学，都存在着让人喜欢和期待的一面，同时也伴随着一些让人苦恼的事情，逐渐形成辩证的思维方式。

这场辩论赛不仅是一次知识的碰撞和思想的交流，更是幼儿成长道路上的一次重要经历，他们经由他人的观点和自己观点的碰撞，更客观地认识到幼儿园和小学各自的优点，认识到成长的多面性，树立正确的心态。

3. 阶段反思

在"辩论赛"的探究中，我们运用"探究的六个步骤"帮助幼儿了解辩论赛的组织形式，并学习如何运用身边资源助力自己的成长。

（1）"进入探究"阶段重点是兴趣的激发。为了激发幼儿对辩论赛的兴趣，我们利用故事、视频等形式，向孩子们介绍辩论赛的基本概念，引导他们想象自己成为辩论赛的小选手，激发他们参与探究的热情。

（2）"探究发现"环节鼓励幼儿主动发掘。基于不同观点，幼儿主动搜集关于辩论赛的信息，通过查阅书籍、网络搜索等方式，他们了解了辩论赛的组织流程、辩论规则等知识。幼儿还在这个过程中，发现了不同辩论主题的丰富多样性，激发了他们的思考和创造力。

（3）"梳理建模"环节是信息的构建。幼儿将收集到的信息进行筛选、分类和整合。他们通过小组讨论、绘制思维导图等方式，将辩论赛的相关知识系统化地呈现出来。在这个过程中，幼儿不仅学会了如何整理信息，还发展了团队协作和沟通的能力。

（4）"深入探究"环节是理解的深化。从这个阶段开始，幼儿对辩论赛的理解和思考更加深入。他们通过游戏时间，自发进行模拟辩论、角色扮演，亲身体验辩论赛的氛围和流程。在这个过程中，幼儿不仅加深了对辩论赛的理解，还学会了如何运用所学知识解决实际问题。

（5）"建构理解"环节是经验的总结。幼儿会对自己的探究过程进行回顾，他们思考在探究过程中遇到的困难和挑战，分析自己的表现和不足，并相互提出改进的建议。通过反思，幼儿不仅加深了对探究学习的认识，还发展了自我评估和持续改进的能力。

（6）"知行合一"环节是知识的应用。幼儿将辩论赛所学的知识与方法应用于实际生活。他们热衷于组织小型辩论赛，将自己在各类活动中的不同观点进行讨论。在这个过程中，幼儿不仅锻炼了自己的实践能力，还学会了如何调用身边的资源帮助自己获取知识和成长。

四、项目反思

（一）螺旋式建构幼儿对成长变化的理解，提升对环境的适应力

在幼儿的成长过程中，他们会面临各种环境的变化和挑战。通过参与"幼儿园好，还是小学好"的探究，幼儿不仅能够从认知层面提升对成长变化的理解力，还能通过实地探访、采访与交流、相互讨论和观点交换，发展对变化的适应能力，为他们的终身学习打下基础。

辩论活动引发了幼儿对成长变化的深入思考。他们开始关注幼儿园与小学之间的差异，思考这些变化将如何影响自己的生活和学习。通过收集资料、整理观点，幼儿逐渐认识到成长过程中会遇到的各类困难，如学习任务的加重、社交圈子的扩大等。他们参

观了小学的教室、操场、图书馆等场所,与小学生进行互动交流。通过观察和体验,幼儿对小学有了更直观的认识,也感受到了成长带来的变化和挑战。在探究过程中,幼儿还与小学生哥哥姐姐进行了互动。他们向小学生提问,了解他们的学习和生活情况。通过与小学生的交流,幼儿更加深入地了解了小学的环境和要求,也对小学生的成长经历产生了共鸣。这种采访交流的过程不仅提升了幼儿的理解与共情能力,还让他们更加珍惜自己的成长过程。幼儿围绕"幼儿园好,还是小学好"的主题进行热烈的讨论,他们分享了自己的所见所闻和感受,交流了对成长变化的看法。在观点的交换和碰撞中,幼儿的思维得到了拓展和深化,他们对成长变化的理解也更加全面和深刻。辩论活动促进了幼儿合作能力的发展。在辩论过程中,幼儿需要分工合作,共同为团队的胜利而努力;需要相互支持、相互鼓励,共同面对挑战和困难。这种合作能力的培养,有助于幼儿在集体生活中更好地融入团队,发挥自己的优势,为团队的进步贡献自己的力量。通过这一系列的探究活动,幼儿在面对新的挑战和困难时能保持积极的心态,寻找解决问题的方法。

(二)理解事物的多面性,促进辩证思维的形成

辩论活动促进了孩子们辩证思维的形成。幼儿在辩论过程中,需要运用自己的知识和经验,对小学和幼儿园的不同之处进行深入的分析和比较。他们需要思考小学和幼儿园在学习内容、学习方式、生活环境等方面的差异,以及这些差异对他们自身成长的影响。通过这种思考,幼儿能够逐渐学会从多个角度看待问题,形成全面的、客观的认识。这种思辨能力的提升,不仅有助于幼儿在学习上取得更好的表现,也能让他们在未来的生活中更加灵活、独立地解决问题。

此外,在辩论过程中,幼儿认真倾听对方的观点,理解并思考其背后的逻辑和依据。这种倾听能力的培养,有助于幼儿在日常交往中更加耐心、细心地听取他人的意见,从而增强彼此之间的理解与沟通,让幼儿懂得尊重他人,促进其社会性的发展。同时,幼儿还需要学会表达自己的观点,通过对话来阐述自己的立场和理由。这种对话能力的培养,有助于幼儿在与人交往中更加自信、流畅地表达自己的想法,从而建立良好的人际关系。

五、总结性评价量规

评价维度	评 价 指 标	D	Q	G	E
乐生活	对小学生活有好奇和向往。				
	对自己的成长变化感到自豪。				
乐表达	能结合情境理解一些表示因果、假设等相对复杂的句子。				
	愿意用图画、符号或建构等方式表征自己的成长变化以及对小学的设想。				
	当别人的想法和自己不一样时，能倾听和接受别人的意见，不能接受时会说明理由。				
会反思	能反思自己遇到问题时是如何解决的，并在下一次能调整自己的行动。				

评价等级说明

E=Excellent: 优秀，超出成功标准
G=Good: 良好，满足成功标准
Q=Qualified: 合格，接近成功标准
D=Developing: 需努力，远未达到成功标准

我和表达

请你听我讲故事

——陈宁薇

在"人与自我"维度之下"我和表达"共性主题探究中基于幼儿的兴趣形成了"请你听我讲故事"项目化学习。在项目实施的计划与启动阶段,教师通过"我们是怎样听到故事的?"这一话题的讨论梳理幼儿前期经验。在项目开展阶段,教师通过录制故事和模拟推广让幼儿在真实的问题情境中用不同的表达方式沟通交流。在分享与反思阶段,幼儿通过在社区和幼儿园里的故事推广行动中不断优化推广语和策略,让更多的人听到"我讲"的故事。

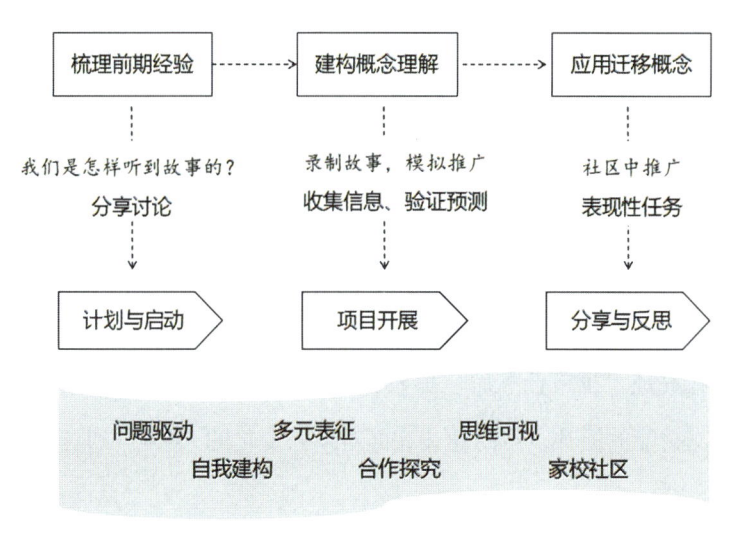

图 3.1.32　素养本位项目"请你听我讲故事"实施模型图

一、项目背景

(一)项目来源

在中班共性主题"我和表达"的探究学习中,我们希望通过尝试挑战和远距离的陌生人沟通,进一步提升幼儿的交流技能。那么和远距离的、不那么熟悉的人沟通的载体、方法和内容是什么呢?我们以幼儿最喜欢的绘本《菲菲生气了》为载体,用项目式学习的方式促进幼儿沟通技能等方面的提升。

（二）项目价值

1. 创设具有挑战性的语言情境，在语言实践中沟通表达

通过前四周的主题探究，幼儿已经熟悉了各种常见的沟通方式。运用介绍宣讲、书面表征、对话、采访、讨论等方式，幼儿发现对于同一个问题，不同的人会有不同的想法。经过更加深入的沟通，幼儿能感受到这些想法背后的不同原因。这是建立在感受、感知基础上的一种理性认知，但是从素养发展方面来看，幼儿的交流技能依然有待提升，需要在实践中逐步掌握多元的交流方法，并加以运用。比如我们观察到幼儿普遍拥有良好的公众表达能力，但双向交流能力较弱，体现在：缺乏主动用语言沟通的意识；问答式的对应互动较少；相对于组织语言表达，更倾向于运用直接操作展示的方法呈现。

基于对幼儿当前经验的分析，教师设计了从使用三种语言录制故事到在模拟情境中推广故事，再到真实情境中推广故事的语言实践应用场景。

2. 从单向的表达到多向交流，带来社交技能的提升

本项目以故事推广为主要任务，实现了语言从单向的表达转为多向的交流，提升了幼儿使用语言的能力，比如：出于某些目的（任务）而主动与他人交流，围绕主题运用语言进行比较连贯的讲述，积极主动地使用礼貌用语，在应答中进行有逻辑的双向沟通等。此外，大多数幼儿在完成了推广任务后，都显著地突破了"陌生人障碍"，扩大了自己的社交生态圈。这些社交技能的提升，帮助幼儿在面对未来变化的人际环境时拥有更强的适应力。

二、项目概述

年龄段	中班	项目时长	4周
核心素养	乐表达　会交往　会反思		
发展领域	语言 社会	项目目标	扩展对沟通形式、语言形式概念的理解，提升沟通能力。
本质问题	如何让更多的人听到我们的故事？	核心任务	尝试用多元的交流方式促进沟通

任务群	• 使用三种语言录制故事 • 模拟情境中推广故事 • 在真实情境中推广故事

三、项目过程

（一）计划与启动

1. 驱动问题

我们是怎样听到故事的？怎样推广我们的故事才算成功呢？

2. 过程描述

（1）确定故事传播平台

主题开始前，班级幼儿在沟通模式中依然非常习惯于"别人说，我来听"。通过本次"我和表达"的主题探究，幼儿表达的意愿变得更加强烈，也逐渐学习、掌握了一些表达的技能，达成"我想说，我会说"。随着人人都想要表达的变化，他们非常需要听众，需要在反复讲述的过程中，在和听众沟通的过程中，体验表达与互动的成就感。仅仅是爸爸妈妈和其他家人似乎无法满足幼儿的需求，他们想要让更多的人听到自己的声音。"请你来听我说"——我们怎样能够邀请到更多的人来听我们讲故事呢？怎样能够让别人，甚至是陌生人听到我们讲的故事呢？

基于此，我们提出了本次项目的驱动问题"我们如何让更多人听到我们的故事"。随后再分解问题，首先，我们和幼儿一起探究了"我们是怎样听到故事的"。

图 3.1.33 "我们是怎样听到故事的？"思维导图

图 3.1.33 梳理出了幼儿提出的自己听到故事的各种方式，比如"爸爸妈妈面对面给我讲故事""用复读机听故事""用 CD 机听故事""用收音机听故事""用电视机听故事""用故事机器人听故事""用各种应用程序听故事"等。

接着我们继续探究"如何让更多人听到我们的故事"。不仅仅是我们自己听故事，还要把我们的故事传播出去。我们发现诸如面对面讲故事、复读机、故事机器人的形式无法将故事传播出去。CD 机、收音机、电视机可以传播，但操作起来比较复杂。故事类的应用程序虽然可以传播，但里面的故事不是我们自己讲的。最后幼儿发现类似于"喜马拉雅"这样的音频分享平台既能上传我们自己的故事，又可以让很多在远方的人方便听到我们的故事。于是我们就选定了"喜马拉雅"这个传播平台。

(2) 一起制订成功标准

故事传播量达到多少才算成功呢？一开始，幼儿对于传播数量并没有明确的概念。有幼儿提出 100 个，大家都觉得是一个了不起的数量了。教师引导幼儿根据班级人数，大致推算身边家人的数量，大家发现：如果每个幼儿的爸爸妈妈、爷爷奶奶、外公外婆都来听故事，几乎就接近 100 个了。因此，幼儿觉得这个目标不能体现出我们的成就。于是我们又开始思考：每个幼儿希望能让多少人听到我们的故事呢？幼儿的想法是 15 个，通过估算，我们把成功标准定在了收听人数为 400 人。

(3) 充分明确项目目标

① 通过使用"喜马拉雅"平台，进一步扩展对不同沟通形式概念的理解。

② 在理解的基础上创造性地使用语言，通过不同语音语调生动再现故事《菲菲生气了》。

③ 尝试有序、连贯、清楚地向陌生人推广故事。

④ 通过自己推广故事，让"喜马拉雅"平台的故事收听量达到 400 人。

3. 阶段反思

"我想要让更多的人听到我讲的故事！"这是幼儿的表达能力和自信达到了一定程度之后产生的愿望，说明在前期的表达体验中，他们获得了积极的反馈，体验到了清晰表达所产生的影响力。因此他们希望通过不同形式的表达获得更大范围的反馈，开始尝试运用表达的社交属性，期待运用表达能力去参与有一定难度的任务和挑战。这时，我们通过讨论，将下一阶段的推进策略定位在借助对信息科技产品的运用上。虽然这来自幼儿的生活经验，但从客户端使用者到主题创作者，对幼儿来说是不小的挑战，教师需要运用一些可视化的方式帮助幼儿对收听量和推广效果建立认知，使他们感受信息传递和交流的效果。

（二）项目开展

1. 驱动问题

如何推广故事？

2. 过程描述

（1）学习讲述故事《菲菲生气了》

虽然之前幼儿已经自主阅读过《菲菲生气了》，但还没有整体、系统地理解这本绘本的内容。通过在教师引导下集体阅读《菲菲生气了》，幼儿关联自己的生活经验，对菲菲情绪的起伏有了更深入的理解。这为后续幼儿在讲述和录制绘本故事音频时对语音语调的把握做好了铺垫。

（2）使用三种语言录制故事

有的幼儿想到要将自己的故事推广给家里的长辈，或者是邻居的外国朋友，但他们只能听懂方言或者外语，怎么和他们分享故事呢？经过师幼讨论，幼儿将用普通话、沪语和英文三种语言形式来讲述同一个故事。

根据幼儿意愿，我们将幼儿分成了中、英、沪三组，由会沪语的老师、外教老师和另一位中教老师各负责一组。我们利用一日生活中的碎片时间，一对一地和幼儿录制故事的片段。每个幼儿的部分虽然只有半分钟左右，但为了呈现最好的效果，从前期学习不断模仿以把握发音，到最后反复录制和彼此倾听，在这个过程中幼儿体验到了不同语言表达的风格，进一步巩固及拓展了对不同语言形式的理解。

（3）为"喜马拉雅"账户命名

怎样的平台空间名称可以传递我们中二班的特点，又能吸引更多的听众呢？

我们倾听和尊重幼儿的声音和选择，收集幼儿的创意和想法，并一起讨论这些备选名称之间的区别。在这个过程中，幼儿感受到不同的名称会给别人带来不同的形象暗示，起到不同的传播效果。"中二班·1号梦工厂"获得了18票的最高票数。在幼儿的眼中，这个名称突出了班级名，1号代表这是我们的第一次尝试；梦工厂表示我们讲的故事都像甜甜的梦一样美好，也包含了让更多的人听到我们的故事的梦想。此外，全班幼儿在操场上排列组合成 KC2（中二班）的字样，得到一张特点鲜明的封面宣传图。

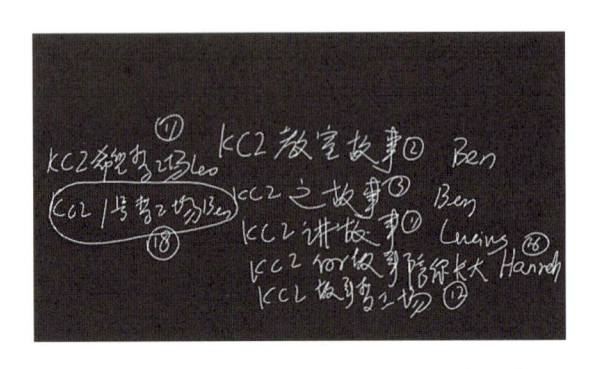

图 3.1.34　班级幼儿给自己心仪的名字投票 　　图 3.1.35　音频播放平台封面宣传页

(4) 模拟推广

① 模拟情境中的推广

故事投放到平台后，播放量的变化一直牵动着幼儿的心。当实现从 0 到 1 的突破时，他们非常兴奋。但是之后的增长幅度就渐趋平缓，因为身边的家人都已经收听，如何将我们的故事推广到更加广大的陌生人群中去呢？

首先是对象——向谁推广？有的幼儿提出向小朋友推广，因为这是小朋友喜欢的故事。有幼儿进一步思考发现，小朋友是没有手机的，没办法扫码，所以我们推广的对象应该是有手机的叔叔阿姨，并且最好是有孩子的叔叔阿姨，因为这个故事本身就是讲给小朋友听的。

其次是方法——我要怎么和别人表明自己的意图呢？怎么跟别人说呢？首先要打招呼说明我是谁，然后再说明沟通的原因和内容等。

图 3.1.36　幼儿在班级中进行推广演练

最后，幼儿还互相提醒，想到了一些可能会导致失败的特殊情况，例如：手机没电了怎么办，没有这个应用程序怎么办，不愿意扫码怎么办。

基于这些预想到的情境，我们设置了模拟练习。在练习中幼儿发现自己有时候会因为太紧张甚至忘记要打招呼；遇到意料之外的状况或者特殊情况，一时间想不到应答或者解决方法等。通过彼此出谋划策和反复熟悉，幼儿渐渐变得得心应手。可见要提升故事推广的成功率，从知道到做到，模拟情境的练习也是颇有助益的。

② 制定推广计划

为了帮助幼儿提升推广的成功率，我们一起讨论，详细设想了个人进行推广的具体时间、地点和对象，形成针对个人的推广计划。

引导幼儿根据以下表格对推广计划进行梳理和绘制。通过解读幼儿绘制在计划表格中的内容，我们观察到幼儿对于故事特点和推广对象关联度之间的思考，并评估他们是如何根据不同的推广对象来选择时间、地点，以及沟通的主要措辞的。

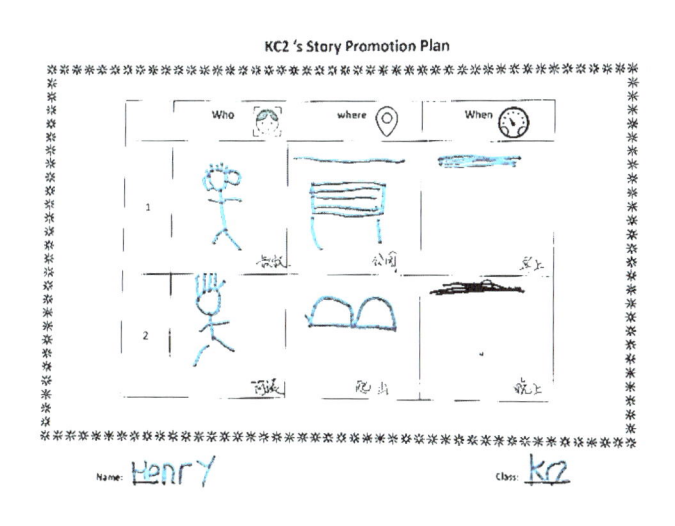

图 3.1.37　个人推广计划表

（5）真实情境推广

① 周末回家推广

第一轮推广在周末回家后进行，给予了幼儿更多面对陌生人的机会，并在过程中鼓励幼儿独立完成任务。有的幼儿在逛街的时候做推广，有的在散步的时候，有的还深入到牙科诊所、学习机构等诸多场所。

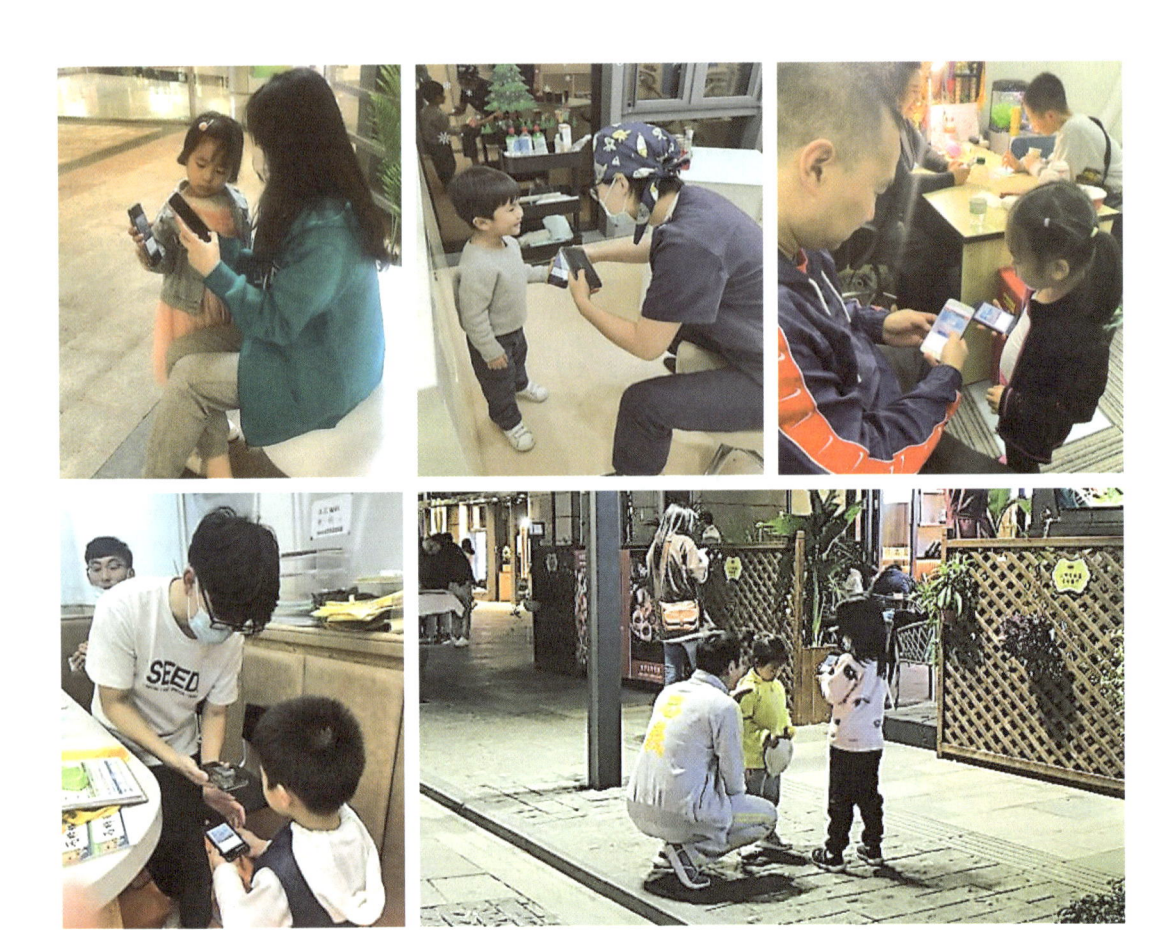

图 3.1.38　幼儿向学习社区成员推广故事

② 第一轮幼儿园推广

关于在园内推广，幼儿也经过了一番讨论，最终确定了时间段——放学时段。因为此时家长们正在排队等候入园，他们有足够的时间来倾听我们的推荐。

图 3.1.39　幼儿第一次向入园的家长推广故事

在第一轮幼儿园推广中,我们遇到了一些问题,大家通过集体讨论,献言献计,设计了一些解决方案。

表 3.1.4 梳理问题及解决方案

遇到的问题	解 决 方 案
1. 反复向同一个人推广。	教师协助提醒,避免重复推荐给同一个人。
2. 不能清晰表述沟通目的。	梳理推广语并练习:打招呼,我是谁,我来找你是因为……这件事情可以帮助你……
3. 因为害羞,不敢主动沟通。	给予观察的时间,同伴支持和鼓励。
4. 被拒绝后,积极性受挫。	分析被拒绝的原因,对症下药,积极尝试。

其中幼儿反映最大的困难在于现场和陌生人交流时,他们会不知所措,开不了口。为此教师为他们提供了一套推广语的模板作为支架,协助他们组织语言。

梳理推广语

叔叔/阿姨/哥哥/姐姐/爷爷/奶奶您好!我是世外幼儿园 KC2 的小朋友。

我们有一个好听的故事想要邀请您来听。

这个故事叫《菲菲生气了》,是用普通话、英文、沪语三种方式来表达的。

听了这个故事,您就知道在生气的时候怎么样让自己开心起来了。

请用微信扫一扫这个二维码。如果您现在没有时间,可以先拍张照,回去再听。

如果您听完了这个故事,欢迎给我们评论留言,回答我们在故事里提出的问题,如果您想要听我们讲别的故事,可以在留言里告诉我们。如果您喜欢我们的故事,欢迎分享给您的朋友和家人。

③ 第二轮幼儿园推广

经过第一轮推广的经验总结,我们又进行了第二轮的幼儿园内推广。这次推广明显比上一次要顺利得多,经过经验的累积,有了表达支架的支撑,70%左右的孩子基本上能清楚、完整地讲述推广语,有效传递自己的意图。

图 3.1.40　幼儿第二次向入园的家长推广故事

3. 阶段反思

在这一阶段的任务中，幼儿需要运用更多的社交技能，将自己的表达推广出去。教师在其中起到的最主要的作用就是：观察现象、收集问题、引发幼儿对问题的思考。不论是讲述故事使用的语言，还是推广的平台、对象、时间、场合、方法，都来自幼儿的真实需求，也经历了集体的讨论和互相启发。讨论过程中，我们为幼儿提供了多样的交流方式，让他们除了讲述和倾听，还运用绘画、符号表征等方式记录自己的想法，教师可以收集到每个幼儿的真实思考。面对录制故事和推广过程中遇到的种种困难，教师并不直接给出任何答案，所采取的策略始终是促进幼儿对这些问题的关注和思考。我们惊喜地看到能力强的幼儿真的会很快提出有效的解决方案，而一些原本能力较弱的幼儿，在这种方式的带动之下，也开始变得不那么拘束，在一次次推广中越来越自如。

（三）分享与反思

1. 驱动问题

根据听众的感受和反馈，我们的故事推广效果如何？

2. 过程描述

（1）数量评估：依据推广量过程性记录最终数据

在整个项目过程中，我们及时和幼儿同步目前推广量的变动。在播放量达到400之前，谢绝家长转发，我们希望预期目标的400播放量是幼儿通过自己的努力而达成的。随着播放数据的不断上涨，孩子们真切地感受到自己的推广行为正在产生着影响。

最终，孩子们从喜马拉雅平台统计的数据看到：共计410的播放量，大家一致认为达到了全班认同的推广目标！

图 3.1.41　平台收听故事推广量统计

（2）感受评估：听众反馈及自我反思

我们还整理了在平台上收到的各种听众留言和反馈，并把它们读给幼儿听。有来自成人的鼓励与建议，也有来自同龄人的崇拜与请求：赶快再多录一些故事吧！幼儿从这些互动中，知道在遥远的某个地方，也许有一个生气的小孩，因为听了我们的故事，不再离家出走；也许有一位颓丧的大人，因为听了我们的故事，慢慢平复了心情。他们感受到自己与遥远的世界的沟通和连接，感受到交流的力量与奇妙。

原本我们还希望能和每个幼儿进行沟通，倾听他们的体会和思考，比如：自己的推广计划实施得如何？为什么有些部分没有达成？由于时间的局限，我们没有进行这部分的反思，这也是我们后续需要改进的地方。

3. 阶段反思

由于在项目初始阶段，幼儿就已经为故事传播的成功与否确定了一个数量的标准，这个目标在过程中成为推动幼儿不断前行与修正的动力，在结尾时也成为了一个明确的衡量准则。这种可监控、可记录、可感知、可比较的数据可视化呈现方式，既是目标也是手段，让幼儿感受到生活中数字所呈现的意义。

但是我们不能唯数字化，数字不代表一切。听众们通过线上平台或者面对面直接给予的反馈也被收集起来，让幼儿可以更具体地思考：哪些事情做得受人欢迎？哪些地方还可以调整？下次如果再录故事，我们可以怎么做？如果我们持续地在每一次的项目中都通过多种角度和依据引导幼儿进行反思与总结，相信幼儿的收获将更加全面而扎实。

四、项目反思

整个项目从设立到实施，从成果到反馈，融合了多个学科领域的多项关键经验，在不同的项目阶段交叉运用，促进幼儿乐表达、会交往、会反思的核心素养发展。

（一）支持每位幼儿的自主性

本项目以故事讲述为基本内容，每位幼儿都参与到一种语言的表达中，并承担独立的戏份。项目推进的每个步骤，都充分尊重幼儿的能力和选择，以幼儿的思考为导向。素材、平台选择、命名，都来自幼儿的兴趣和意见汇总；每次遇到问题，所有的解决方案建议都来自幼儿的设想。在一次次的互相质疑和补充当中，幼儿的想法从不靠谱到得到普遍认同；在一轮轮的班级会议中，越来越多的幼儿主动参与进来，展开积极的反思。

（二）成功体验的即时激励让行动延续

不论是听到自己的声音从公众平台中播放出来，还是通过沟通说服了一位陌生人进行扫码，或最终看到集体推广的成果达到了预期的效果，以及收到来自陌生听众的积极反馈，这些成功的体验都令幼儿感受到自己与真实世界的连接，体会到自己的行为对真实世界所产生的影响。本项目成为幼儿和家长都引以为傲的幼儿园经历之一，许多幼儿在毕业后还会经常倾听、回味这个故事。

五、总结性评价量规

评价维度	评价指标	D	Q	G	E
乐表达	至少会用一种语言形式完整清晰复述《菲菲生气了》。				
	愿意用图画和符号制定推广计划。				
	能有序、连贯、清楚地向陌生人推广故事。				

续 表

评价维度	评价指标	D	Q	G	E
会交往	在进行故事任务推广活动中能主动使用礼貌用语。				
	在进行故事任务推广过程中能积极回应他人的语言。				
	能和小组成员合作完成故事推广任务。				
会反思	对每次遇到的问题能反思对策,调整自己的故事推广行动。				

评价等级说明

E=Excellent: 优秀,超出成功标准
G=Good: 良好,满足成功标准
Q=Qualified: 合格,接近成功标准
D=Developing: 需努力,远未达到成功标准

我和表达

三只小猪，我们这样演

——叶婧

在"人与自我"维度之下"我和表达"共性主题探究中基于幼儿的兴趣形成了"三只小猪，我们这样演"项目化学习。在项目实施的计划与启动阶段，教师以"三只小猪"故事大会的形式，梳理幼儿对不同视角下发生的三只小猪故事观点差异的理解。在项目开展阶段，通过"三只小猪"故事创演让幼儿在剧团的组建、剧本的创作与交流、角色竞聘以及道具制作等分工协作中不断地理解故事之中和故事之外人与人之间的观点差异。在分享与反思阶段，以"三只小猪"好剧上演为表现性任务展现幼儿对"观点差异"这一概念的理解。

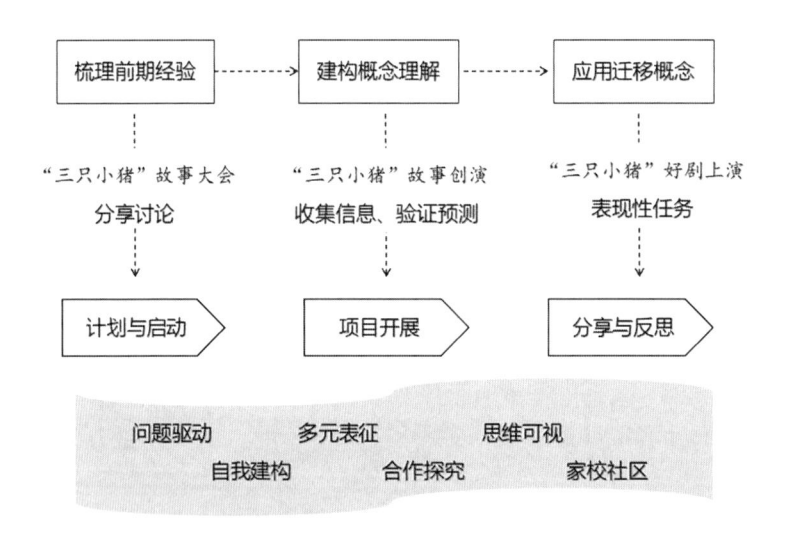

图 3.1.42　素养本位项目"三只小猪，我们这样演"实施模型图

一、项目背景

（一）项目来源

在共性主题"我和表达"开展过程中，幼儿偶然发现他们耳熟能详的《三只小猪》故事有"大灰狼"视角下的版本《三只小猪的真实故事》。《三只小猪》故事中凶狠的狼在

《三只小猪的真实故事》里展现了善良、真诚的一面。幼儿发现同样的事件在小猪的视角和大灰狼的视角中是非对错完全不同，这一差异引发了幼儿激烈的讨论。

两个视角的故事有各自的拥护者。一派是认可小猪视角中的《三只小猪》的故事，同情被大灰狼欺负的可怜小猪们；另一派则是被大灰狼视角下的《三只小猪的真实故事》所吸引，选择相信可怜的亚历山大狼，认为狼是善良、正直的。

（二）项目价值

幼儿基于兴趣不仅仅是看、读、听和说这两个视角的故事，还通过童话剧表演的形式展现两个故事，在接收信息中形成理解，在不同情境中表达观点，理解差异。

1. 更多观点的表达

幼儿通过不同视角的故事理解与演绎，知道人们看待事物是不同的，敢于质疑，学会表达自己的观点，用事实支持观点。

2. 更多同伴的协作

童话剧的再创作以及舞台表达需要在故事结构下确定情节进展，互相协作，更主动地倾听别人的观点，互相理解。

3. 更多创新的表征

为了展现不同视角下角色的差异，幼儿有机会思考通过不同的道具和服装来展现角色的特点。

二、项目概述

年龄段	中班	项目时长	4周
核心素养	乐表达　会创造　会交往		
发展领域	语言 艺术 社会	项目目标	理解不同视角下的故事内容，并通过语言、戏剧等多样的方式进行创造性表达。
本质问题	如何理解不同视角下的观点？	核心任务	用童话剧的形式展现两个版本的《三只小猪》

续　表

任务群	• "三只小猪"故事大会 • "三只小猪"童话剧准备 • "三只小猪"童话剧演出

三、项目过程

（一）计划与启动

1. 驱动问题

（1）读了两个版本的《三只小猪》故事，你有什么想法？

（2）如果让你选择一个角色，你会怎么表现？

2. 过程描述

（1）故事大会

偶然的机会，班级的一个幼儿用上海话讲了一个故事《三只小猪》，引发了班级孩子的喜爱。然而另一个幼儿站起来说："我听到的故事不是这样的。"次日他就带来了同一个故事的不同版本《三只小猪的真实故事》，并且有声有色地将故事讲述给大家。

（2）角色辩论

随着"三只小猪"故事大会的开展，幼儿更深入地了解故事的主要角色，也呈现了两种不同的立场，有的喜欢《三只小猪的真实故事》中的狼，为如此善良却被冤枉的角色鸣冤，表达忿忿不平之感；有的则同情《三只小猪》中的小猪，认为狼居心不良，不值得同情。幼儿在支持自己认定的童话角色同时也会表达这样的观点："你看大灰狼做了这个动作，表示它很愤怒""你看书里它的眼睛都冒火了，太可怕了"，等等。部分幼儿坚持自己的立场和观点，他们之间一度陷入了争论，也有部分幼儿觉得两种说法都有道理，倾听观望。

3. 阶段反思

（1）观点可视，展示先行

打造"三只小猪"阅读专区，便于对两个故事进行对比，供幼儿独立阅读与小组讨论。通过引导句式"我同意，因为……""我不同意，因为……""我质疑，因为……"等让幼儿充分表达自己的观点，同时打造展示版面进行呈现。

（2）价值思考，适度推进

班级幼儿都听过这两个故事，且大部分幼儿对故事有浓厚兴趣。教师适度介入，推进项目，可以促进幼儿从口头语言发展到剧本创编，引发项目更多的可能。

（二）项目开展

1. 驱动问题

不同故事版本中同一角色的特质是怎么样的？

2. 过程描述

（1）组建剧团

根据各自的立场和观点组队，形成两个"剧组"，并为自己的小组取名字：猪猪组和蛋糕组。

图 3.1.43　剧团分组

（2）创作剧本

通过剧本创作表达的形式展现幼儿对故事的理解和对角色的认识，在此过程中可以看到幼儿会将自己对社会的认识（性别、职业、喜好等）代入剧本。有一组创作剧本的时候将猪大哥设计成了商人，给它画上了精致的领带、大大的肚子，并画上了公文包。创作中，幼儿除了用到绘画形式以外，还使用了一些简单的文字、符号等，幼儿用多种形式完成各自小组剧本的创作。

(3) 剧本交流

剧本完成后，两组幼儿在剧本交流会中向彼此呈现了优化后的剧本，并进行解读。

(4) 角色竞聘

剧团中的角色竞聘的激烈程度超出我们意料。幼儿就感兴趣的角色进行角色竞聘，通过语言和动作的模仿展现对角色的理解，并通过民主投票的形式选出剧中的角色演员。

图 3.1.44　分组交流剧本

(5) 道具制作

幼儿思考道具的制作，根据幼儿的创意、兴趣点组建道具制作小组。在此过程中，我们看到了幼儿解决问题能力的发展，比如主动尝试工具的使用（如打孔机等）；我们看到了幼儿链接以往的学习经验，比如借鉴小班颜色主题的学习经验进行灯光颜色的调配；我们看到了幼儿主动运用沟通技能发展协作能力。

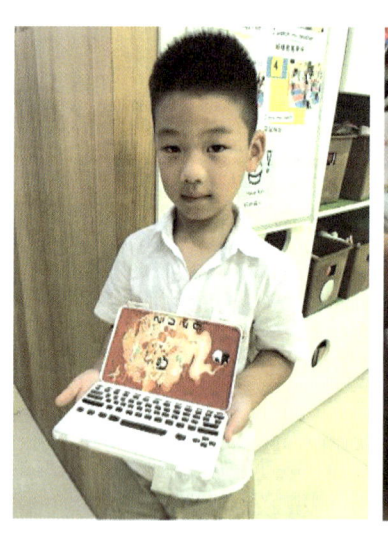

图 3.1.45　幼儿根据表演需要准备道具

3. 阶段反思

(1) 尊重发言权

幼儿有机会用多种形式表达自己和小组的观点：语言、图画和符号。教师应鼓励幼儿多表达他们的立场和观点，促成他们之间更多的交流和碰撞。

(2) 鼓励多尝试

角色竞聘的过程中要鼓励幼儿试一试，成为一个勇于尝试的人。过程中，我们惊喜地发现日常害羞的孩子挑战了主角，日常有点胆小的女孩勇敢使用难度较大的工具。

(3) 正面引导情绪

在活动中，尤其是角色招募和选举中，几家欢喜几家愁。当选的幼儿洋洋得意，落选的幼儿则有的心有不甘，有的念念不忘，有的失落难过。这时候教师的适当介入很重要，可以了解幼儿当下的想法，请幼儿聊聊自己擅长的工作，并观察后续能在组内承担的其他工作等。帮助幼儿疏导不良情绪，鼓励更多可能。

（三）分享与反思

1. 驱动问题

三只小猪，怎么演？

2. 过程描述

（1）排练磨合

组内完成剧目细节商讨并进行排练。在此过程中，可以看到幼儿通过小组合作的形式表达观点、相互建议。幼儿也会认真记录一些临时的想法，他们会在专属的记录本上用图画、符号等进行表征。

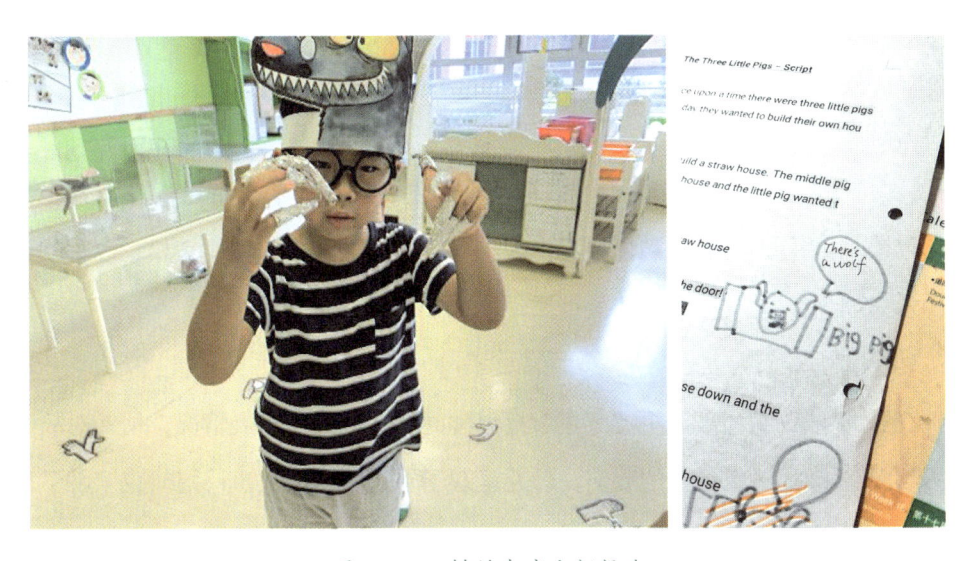

图 3.1.46　排练中产生新想法

（2）隔空互联

若幼儿回家后仍有沟通互联的需求，他们运用电子设备在家中实现信息互联，通过微信视频或视频会议等形式进行"隔空交流"。

（3）好剧上演

到了约定演出的日子，教师和幼儿共同布置演出区域（现场乐队、灯光、道具和场景），搭建观众席，并确认演员造型换装。幼儿完成了两个版本故事的彩排和演出，呈现出各自剧本中狼的凶狠和善良的不同侧面，呈现出更鲜活、更饱满的角色特质。

图 3.1.47　小组成员按需线上沟通

图 3.1.48　演出现场

（4）辩证讨论

童话剧演出后，幼儿也开展了交流，进一步阐述自己对于故事两面性的理解。幼儿对生活、文学情景（绘本、卡通）等持续表达辩证的理解和进行多元的观点分享。比如，有的孩子会分析《猫和老鼠》这部电视卡通里，汤姆和杰瑞看起来是对立对抗的，但他们是一对好朋友，因为猫抓到老鼠从来没有吃掉，而是和他玩耍，老鼠总想着去逗逗猫，也是因为他喜欢汤姆。在交流中，可以看到幼儿不仅有观点的表达，同时也有原因的解读。

3. 阶段反思

（1）尊重想法

幼儿在排练的过程中呈现了积极的行动，有责任感地完成了自己的那部分工作，呈现出他们对剧本的创造性思考和再改编。教师尊重幼儿的选择权、发言权，尊重幼儿的想法，教师将尊重转化为支持的行动很重要。

（2）持续理解

幼儿在故事的创编和表演中持续了解自己和同伴组的故事进展情况，幼儿对故事的理解也在持续升级。通过童话剧的展演，幼儿呈现了自己视角的故事，同时也了解了对方视角。在交流中，我们可以看到幼儿对于童话作品有了更多元的理解，也提升了自己观点采择的能力。

四、项目反思

（一）重"概念理解"

从"概念理解"的角度出发，聚焦"形式""原因""观点"展开问题驱动、生成任务链、展开项目，概念始终贯穿整个探究过程。

（二）重"问题解决"

过程中，挑战和问题始终存在，观点不一致怎么办？没有道具怎么办？"架子鼓"站不稳怎么办？没有砖房子怎么办？谁来当演员合适？大家都想演这个角色，选谁呢？等等。幼儿始终在问题情境中学习和发展。

（三）重"能力提升"

项目过程中有多次分组机会，教师有时根据幼儿的意愿和兴趣分组，有时根据幼儿感兴趣的材料分组，有时根据排练需求分组。幼儿有机会在不同的小组中了解不同同伴的观点，从而提升理解与沟通能力。

五、总结性评价量规

评价维度	评价指标	D	Q	G	E
乐表达	能有条理地组织讲述两个版本的《三只小猪》的故事，并能在集体面前讲述。				
乐表达	用动作、神态、语言等表现至少一个版本故事的情节和自己对故事的感受。				
会创造	能将对故事的感受和想象进行组合，进行创造性的表征。				
会交往	能使用电子设备支持小组协作。				

续 表

评价维度	评价指标	D	Q	G	E
会交往	收集低结构材料，合作完成道具制作或租借，如"砖房子"等。				
	能专注欣赏对方的剧目，表达对对方剧目的理解和感受。				

评价等级说明

E=Excellent: 优秀，超出成功标准
G=Good: 良好，满足成功标准
Q=Qualified: 合格，接近成功标准
D=Developing: 需努力，远未达到成功标准

第二章　人与社会

"人与社会"维度下围绕组织和时空进行探究，建构自我对群体的归属感，理解群体组织与时空对生活的影响。

表 3.2.1　"人与社会"维度下项目化学习故事概览表

人与社会			
我和组织 指向对人类创造的各种组织和系统的探究。了解组织、系统的结构与功能；探索经济活动对人类与环境的影响；理解制度、规则的重要性，以及人类在组织中的创造性。		**我和时空** 指向对时间和空间的探究。探索不同文化下人类文明中的共通性和独特性；了解我们在时空中的定位，回顾过去、预见未来。	
项目化学习故事	概念	项目化学习故事	概念
"做"着小船前进 （大班）	工具运用	欢迎你到泰国来 （大班）	文化与体验
小教室，大机场 （小班）	系统运作	多彩的民族 （大班）	多元文化与尊重

我和组织

"做"着小船前进

——梁嘉心

在"人与社会"维度之下"我和组织"共性主题探究中围绕"工具的用途"生成了"'做'着小船前进"这一项目化学习。在项目实施的计划与启动阶段,教师通过"做小船需要哪些准备"的讨论汇总幼儿关于工具的已有经验,同时梳理如何做一艘小船的前期经验。在项目开展阶段,教师鼓励幼儿根据个人兴趣参与到制造小船的小组工作中,借助小组中不同的分工进一步加深对工具和人们生活关系的理解。在分享与反思阶段,教师以小船启航的表现性任务激发幼儿反思小船在试航和启航中是否还需要工具,进而将工具的使用贯穿在项目始终。

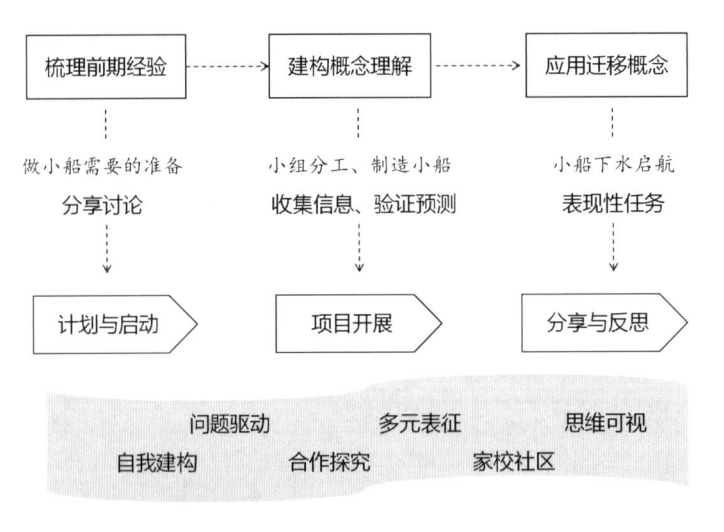

图 3.2.1 素养本位项目"'做'着小船前进"实施模型图

一、项目背景

(一)项目来源

在大班共性主题"我和组织"单元下,教师和幼儿一起探究了生活中各种各样的工具。"幼儿对工具到底有哪些经验？他们对什么工具最感兴趣？"等问题一直是主题开展过程中教师不断思考的。

在讨论动画片《汪汪队立大功》里可以帮助人们解决困难的工具时，小米的问题引发了大家的浓厚兴趣："在幼儿园我们可以用工具做出什么东西呢？可以像汪汪队那样做一种交通工具吗？"用工具制造出一种交通工具，这个听上去不太可能的事情，或许会是个不错的想法！幼儿既可以了解各种工具，也能通过亲身体验感知不同工具的功能。于是，我先带着幼儿对一些常见的交通工具的构造进行了观察、分析，讨论了在幼儿园制造哪种交通工具更可行。

幼儿园不就是要成为孩子童年的造梦工厂吗？一如既往，我们先倾听幼儿的想法，飞机、船、汽车是他们的重点探讨对象。经过比较，幼儿普遍认为在幼儿园里做艘船或许是件更靠谱的事。

（二）项目价值

1. 用真实挑战性的问题驱动幼儿探究的无限可能

造一艘船是手段而非目的，激发幼儿对探究的热情、挖掘幼儿对世界的想象才是做美好教育的初心。本次项目立足真实情境，聚焦真实问题，幼儿像造船专家一样参与了解工具—制造小船—下水启航的全流程，教师则不断用真实挑战性的问题驱动幼儿探究的动力，从解决几个小问题到完成一个大任务，幼儿的兴趣被一点一点激发。

2. 以学习社区的支持建构幼儿对主题的概念理解

一群人守望相助做一件事，是美好教育生态圈运作的常态。幼儿不懈的探究精神，会带动甚至引领整个学习社区对"小船"项目的关注和参与。学习社区的支持为幼儿建构"工具""合作""安全"等概念的理解提供了更加多元的视角和探究机会，比如，请木工叔叔从专业角度和幼儿分享"工具"的使用优于教师在教室里给幼儿讲一本关于工具的绘本。

二、项目概述

年龄段	大班	项目时长	9周
核心素养	乐探究　有责任　会交往		

续　表

发展领域	科学 社会	项目目标	基于任务需要在小组分工、集体合作中使用工具完成小船的制作，体验和探索实践工具与人们生活的关系。
本质问题	工具如何影响了人们的生活？	核心任务	使用不同的工具制造小船
任务群	• 讨论任务，成立项目组 • 使用工具，制造小船 • 小船试航，准备启航		

三、项目过程

（一）计划与启动

1. 驱动问题

如果要做小船，我们需要做哪些准备？

2. 过程描述

（1）问题讨论，孩子眼中造船需要的准备

"自己造船真的可以吗？"当幼儿经过讨论确立了造船的任务后，这个问题一直困扰着我，我也试图向自己提出了各种问题："孩子们怎么会用锯子呢？""榔头敲到手可怎么办？""这艘船肯定得沉吧？"……

问题一个一个接踵而来，思考后我决定把这些问题都抛给幼儿。

教师：如果要做木船，你们觉得需要做哪些准备？

小文：我们需要木头，还需要锯子把木头锯开。

教师：锯开后呢？怎么把它们拼成木船？

小雨：可以用胶水。

小艾：用钉子会更牢一点，我看我外公敲过钉子的！

教师：看来造船得需要一些材料、一些工具，还得有一些方法。

小风：可能需要3D打印机的方法。

小玲：造船用的木头必须很硬，那就得用更加硬的工具帮忙。

虽然，自己做船看起来难度很大，但孩子们的行动都在向我们表明：他们不想放弃！在经过一轮轮的头脑风暴，一次次翻阅绘本、书籍搜寻资料后，大家都表示：我们需要"别人"的帮助，我们需要请"专家"。

（2）外请"专家"，拓展造船准备的经验

我们邀请了船舶设计师来幼儿园介绍船的基本结构和设计图纸。设计师叔叔用纸代替木头做了一个纸船模型，幼儿从设计图纸开始了解小船的结构，也了解了制作小船时要用到的工具。结合前期查询资料和讨论的内容，幼儿知道小船需要腹板、撑板、底板和坐板，而要把这些板拼在一起，不仅需要胶水，还需要钉子才能使小船更牢固。

这时小凯问了一个问题："我们去哪里拿木头呢？"

伟伟回答："可以去买呀！"

顺着幼儿的问题，我接着问："如果下周我们开始做木船，还会遇到什么问题？"

"做船用的工具去哪里买？""锯子锯到手了怎么办？""在哪里做船？""我没用过榔头，钉子该怎么敲？"……

这些问题都是在造小船的过程中会遇到的，如果解决了这些问题，幼儿造船的梦想就真的有机会实现了吧！

3. 阶段反思

基于问题和兴趣的学习更能激发幼儿的能动性，从而获得更高的自我效能。了解工具对于大班幼儿来说并不难，他们可以通过很多渠道轻松地了解到工具的种类，教师也可以根据幼儿的已有经验，跟他们一起梳理出工具的信息和知识。但如果在制造小船的过程中，幼儿以造船为目标运用工具，了解工具的特征、用途及安全使用方法，并在体验中发现问题，在合作中解决问题，那么这样的探究过程和内容远比认识工具本身要有意义和有价值。于是，尽管这个行动看似不可能，我依然决定支持幼儿，提供机会让他们尝试一次。如果幼儿真能坐上自己亲手制作的小船，这样的体验或许能让他们终身受益和难忘！

（二）项目开展

1. 驱动问题

（1）制造小船过程中我适合做哪些工作？

(2) 如何使用工具制造小船？

2. 过程描述

(1) 项目分组，明确自己的工作职责

项目开展前的讨论中，幼儿问了各种各样的问题，可是对于这些问题怎么解决，他们并没有相关的经验。教师和幼儿一起对大家提出的各种问题进行了梳理，把相关的问题归类，比如：制造小船的过程中需要很多人帮助，如何与人沟通；如何设计小船和运用工具制造小船；如何防止在使用工具时不受伤害；小船制造的费用如何等。经过讨论，形成了为制造小船服务的几个项目组，幼儿根据自己的特长和兴趣，选择同伴和分组。

这是幼儿第一次自主分组合作，他们并没有太多的经验，有的只是对待这次任务的认真态度。为了建立幼儿对分工合作这件事的感性认识，我们特意带幼儿参观了幼儿园各个部门，并采访了各部门教师，了解他们所要负责的工作。之后，教师跟幼儿一起初步规划了造船过程中的工作并进行了自主分组。

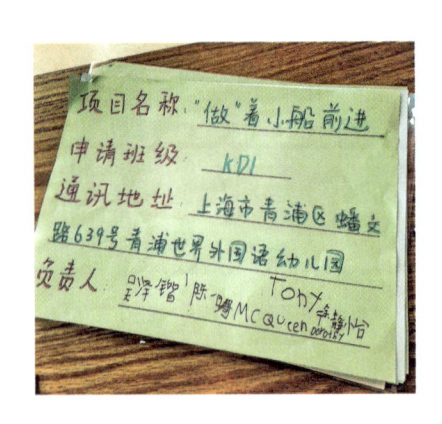

图 3.2.2　项目启动书

表 3.2.2　活动的项目组和具体工作

小组名称	具 体 工 作
小小外交官组	和家长、教师、幼儿园后勤部门沟通，传达材料采购、工具使用、场地租用以及人员协助方面的要求和意见。
超级设计师组	设计小船的项目计划书，设计小船的外形。
爱心小医生组	学习医务知识，了解遇到突发情况时的处理方法。
动手大王组	先行学习小船的制造方法，积累使用各类工具的经验。
智慧宝贝组	计算制造小船的成本，做好预算，记录收入和支出。

(2) 小组行动，初步了解造船工具的使用

【动手大王组】什么样的工具更适合切割木板？工具的正确使用方法是什么？

组员们发现因为小朋友力量有限，简单的手动切割机无法让木板切割得平整，于是，

在发现问题后他们向木工叔叔请教，在仓库中寻找更合适的工具，最后电动切割机解决了这个技术难题。动手大王组和其他组强调了工具的正确使用方法，如使用榔头时要先把钉子敲进去一点，再用力敲等技巧，但操作的前提是要有成人协助。

【爱心小医生组】使用工具时受伤了该怎么办？制造小船时哪些工具能保护自己？

讨论时组员们提出了在使用工具时如何保护自己和如何处理伤口的问题。带着这个问题，他们来到了医务室向保健医生请教，幼儿提出了不同的意见：有的认为遇到伤害后要立即去医院，有的则认为要先简单处理伤口。虽然他们的想法不同，但还是愿意倾听别人的意见。最终达成的共识是：不同的受伤情况要有不同的处理方案，要及时向保健医生学习。分享会上，组员们向大家汇报了制造小船时要做好的防护准备：一定要戴口罩、手套和护目镜来保护自己；受伤后一定要立即前往医务室，避免二次伤害。

【智慧宝贝组】金额数字太大算不过来怎么办？什么工具可以帮助我们计算？

只会20以内加减法的组员在计算大额数字时也遇到了困难，于是，他们想到了找幼儿园最会计算的财务老师来帮忙。幼儿看到了财务老师办公桌上有很多计算器。小蓝说："我见过爸爸妈妈用这种东

图 3.2.3　动手大王组分享对问题的思考

图 3.2.4　爱心小医生组用图表达问题解决办法

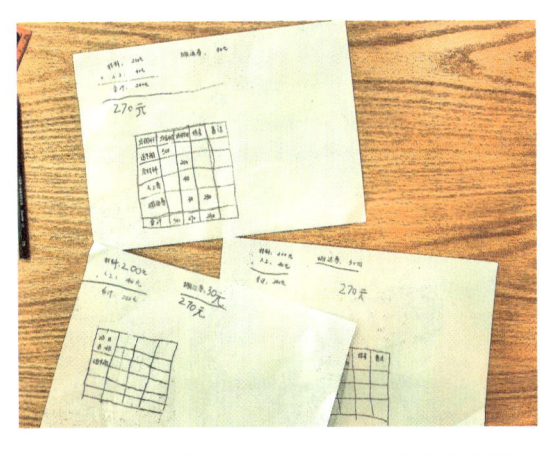

图 3.2.5　智慧宝贝组运用统计图表完成计算

西，加减乘除都可以！"幼儿向财务老师请教了计算器的使用方法，并计算了采购原材料和工具的金额，最终得出了我们需要支付给不同厂商的金额。

【超级设计师组】用哪些工具画船更好看一点？

组员们在美工室设计船的造型，但他们对小船的颜色有了不同的意见：有的认为应该是蓝色，有的认为是橙色，有的认为是红色，经过商议后，组员们决定让班级里的所有幼儿对小船的颜色进行投票，少数服从多数。

图 3.2.6　超级设计师组进行船体设计

【小小外交官组】跟别人沟通的时候会用到工具吗？

制造小船的场地、使用工具的安全、材料的运送等都是需要解决的大麻烦。要找谁沟通、沟通什么、怎么沟通，幼儿主动地出主意、想办法、做尝试，经过组员与幼儿园不同部门的协调，在沟通后，原本不能使用的屋顶花园，在用麻布做保护后允许使用了；各类工具使用安全问题也在跟园长沟通后得到了园部的使用权许可；保安叔叔协助幼儿把木板搬运到指定地点。幼儿沟通的过程中也使用到了工具，线上沟通用到通信设备，线下沟通更多用到的是记录类工具。

图 3.2.7　小小外交官组跟幼儿园的老师进行交涉

(3) 深度体验，使用工具合力制造小船

充分的准备工作让幼儿的小船梦更近了，制造小船的过程成为了幼儿丰富对工具认识的过程。围绕着造船时"打样—切割—黏合—上色—上漆"中遇到的问题，幼儿用实际行动体验着工具和我们生活的紧密联系。

① 画线打图样——关于"卷尺"

【我们的问题】2 米有多长？

幼儿在工具箱中找到了一把 3 米的卷尺，拉开卷尺后，大家找到了标记 2 米长度的地方。

【我们的问题】木板太大了，尺不够长怎么办？

幼儿寻找着卷尺的替代品，发现有很多闲置的长木条，也是直直的，能辅助自己画线。

【我们的问题】两块腹板不一样大，需要用卷尺测量后做成一样大的吗？

幼儿请教了木工叔叔，他说："量一量也可以，但有更加方便的办法。只要按照前一块腹板的大小在后一块腹板上描一遍就可以啦。"幼儿尝试着把两块腹板叠在一起，按照前一块腹板描线。

② 切割——关于"锯子"

【我们的问题】锯子有很多齿，有什么方法不锯到手吗？

爱心小医生组再次温馨提示大家："为了保护自己，拿锯子以前就要戴好防护手套、口罩、护目镜。"

【我们的问题】锯木头的时候，锯子为什么一直晃？

图 3.2.8　量一量，画一画

图 3.2.9　在家长志愿者帮助下使用锯子

幼儿请教了擅长操作木工坊工具的家长志愿者，他告诉大家："锯子重，小朋友的力气小，所以拿不稳锯子。可以用一只手按住木板，或者用一只脚踩住木板，用另一只手拉锯子。"在家长志愿者的帮助下，小艾试了试，果然锯子不晃了。

【我们的问题】用锯子切木板的时候发现歪了怎么办？"

幼儿给出的回答是："不小心切歪了没关系，但是一定要看好自己之前画的线，一点一点地锯。"

③ 黏合——关于"胶水"

【我们的问题】粘木板的胶水和我们平时用的胶水一样吗？

幼儿把平时用的固体胶和粘木板用的强力胶放在一起，先从形态、黏度等方面进行对比，然后再用两种胶水分别去粘木板，结果发现强力胶的黏性大，为了让船更加坚固，幼儿决定使用强力胶。

【我们的问题】时间长了，胶水会不会没有黏性？

教师和幼儿一起找到了胶水使用说明，发现粘木头用的胶水不会出现这种情况。

【我们的问题】胶水粘到我们的手，怎么办？

爱心小医生组提醒大家：一定要戴好手套才能用胶水。

图 3.2.10　使用胶水黏合船体

④ 上色——关于"颜料"

【我们的问题】给船上色的丙烯颜料和平时画画用的颜料有什么不一样？

幼儿对两种颜料进行了溶水小实验，大家发现：丙烯颜料不怕水，不会被水溶解，平时用的颜料一碰到水就散开了。为了让小船沾水后颜色不掉，身上永远有颜色，大家选择用丙烯颜料。

⑤ 上漆——关于"防水漆"

【我们的问题】小船已经上了色，为什么还要上漆？

图 3.2.11　为船体上色

幼儿请教了木工叔叔，他说："现在我们使用的是防水漆，可以防止小船下水后渗水。"

【我们的问题】防水漆要涂成什么样子才算成功？

在请教了木工叔叔后，幼儿知道防水漆一般要涂三层。为了防止小船下水后渗水，大家卖力地刷着，并且互相提醒："船的每个角落都要刷到，不能漏水。"

图 3.2.12　为船体刷防水漆

历经 8 个星期，幼儿一步步完成了自己心目中的小船。"大一班号"小船准备迎接启航仪式啦！

3. 阶段反思

"问题"是项目推进中幼儿学习的起源，甚至在某些时刻成为幼儿探究的驱动力。作为教师，需要适时地积极鼓励孩子想问、敢问、好问、会问，并有意识地为幼儿的问题解决提供支持。小船制造前期，教师一直都在对话和呼应中支持幼儿尝试解决问题，又适时抛出问题："如果要做木船，你们觉得需要做哪些准备""如果下周我们开始做木船，还会遇到什么问题"，进而推动项目的进行。鼓励幼儿用自己的思考应对真实情境中的问题，幼儿便有机会在打图样遇到困难时想到寻求工具和他人的帮助，在不能拿定主意时想到通过投票解决问题。

对于大班幼儿来说，他们有自己解决问题的愿望，但毕竟认知经验和能力有限，所以还需要教师适时地推一把。为此，我们引导幼儿一起梳理问题，帮助他们把杂乱的信息整理成线索；支持幼儿共同组建小组，让幼儿更明确自己在项目中所承担的任务和责任。分组探究也是基于尊重幼儿能力差异、放大自身优势特点的组织策略。

向他人寻求帮助也是解决问题的方法，但反思项目的推进，教师还应立足在工具使用的深度上引导幼儿对不同工具进行比较，将"试错"作为幼儿积累工具经验的一种学习方式，而不是直接获得正确答案。比如，可以将制作小船的材料和普通材料投放于区角或日常生活中，让幼儿有机会从不同场景中探索工具的特性及使用方法。或许，那样的方式对幼儿的学习更有帮助。

（三）分享与反思

1. 驱动问题

（1）小船造好了就可以下水吗？

（2）小船启航了是不是就不需要工具了？

2. 过程描述

（1）小船试航中——漏水吗？安全吗？

"小船会渗水吗？"

"渗水的话，试航就会失败的！"

"要不我们先在岸上想一个办法试试看？"

"怎么试呢？"

幼儿七嘴八舌地议论着，他们看起来很焦虑，生怕自己前几周的努力功亏一篑。小凯给大家一个建议：先在小船里倒水，看看水是否渗漏出来。

"什么器皿装的水多一点呢？"幼儿找来了教室里可以盛水的各种器具，如植物角浇花用的水壶、娃娃家的小碗、区角的托盘、漱口的小桶、喝水的杯子……他们忙着将水盛满，再倒入小船进行验证。经过大家的努力，水很快没过了小船内部的底板。幼儿在小船四周仔细查看，没有发现有水渗到地板上的痕迹，他们很开心："耶！太好了，小船没有渗水！"

正当幼儿兴奋之余，我告诉大家："现在确实是没有渗水，但不知道明天会怎么样呢？"幼儿激动的情绪稍微平静了一点，接着他们又开始了讨论。小米喃喃自语："小船该不会在浸水一天后渗漏吧？小船上次被小麦用力摇晃了几下，而且还用重的东西敲过。"

第二天午睡起床后，幼儿发现船头位置的地上有几滴水渍。

"不好啦，有渗水！"

"我们需要对小船进行防水补救。"

的确，这是一个死角，幼儿刷油漆时会疏漏。

"怎么办？"我立刻问。

"再补刷一次，然后打一些硅胶。"

"用什么工具比较好呢？"我继续问。

"可以用刷子，这次用小一点的刷子刷缝隙！"

"可以用胶枪，我看老师用过！"

因为有之前刷防水漆后打硅胶密封的经验，所以幼儿很快想到了要加一些硅胶来补漏。经过及时的补救，并且通过第二次渗水实验，幼儿终于收获了一艘不漏水的船。同时，幼儿也得出结论：小船造好以后还是需要工具来验证它是不是可以下水，甚至还需要工具来对小船进行补救。

小船下水的安全问题也是家长们最关心的，因此，我们和家长志愿者一起成为探究者先行对小船进行了下水测试，以确保幼儿试航当天没有安全隐患。经过测试，家长们提出了小船平衡和安全方面的问题。家长建议在小船两侧增加两个浮筒，在船的两头安装挂钩，并系上绳子确保孩子在划船动力不足时成人可以稍加牵引。大家还建议小船下水的时候，需要放置救生衣并由成人陪同。通过讨论，我们确定由一位体育老师和一位爸爸划皮划艇，在小船旁为幼儿保驾护航；准备大人和小孩的救生衣各4件；幼儿上下船时由2位爸爸站在岸边拉住小船上的绳子以稳住小船，防止漂浮的小船过于晃动。

事后我们将成人试航的消息告诉了幼儿，并将家长志愿者讨论的安全下水方案进行了讲解，幼儿表示：爸爸妈妈的主意很有道理，要为爸爸妈妈的付出鼓掌。

(2) 小船启航了——很兴奋！很感动！

小船启航的日子终于到来了！幼儿拿着船票，排着整齐的队伍朝码头出发。迎着微风，"大一班号"小船在家长志愿者的帮助下竖起了桅杆。在教师的协助下，小特、大伟穿着救生衣欢快而又平稳地摇动船桨离开水岸，小船悠悠前行，我们真的"做"着小船启航了！

"加油！加油！"河两边的幼儿和家长们手舞足蹈，为他们呐喊助威。1分钟、2分钟、3分钟……8分钟，小船马上就要到达二十几米外的河对岸了。兴奋中更多的是感动，教师和家长们清楚地知道这段时间幼儿为小船梦想所付出的努力和坚持！

"到啦，到啦，成功啦！"随着第一组幼儿抵达对岸，欢呼声再次响起。随后一组组幼儿坐上了自己历时两个多月完成的"大一班号"小船，向着梦想出发！

"老师，今天我好感动，回去我想写个小船的故事。"

"老师可以给小船加一个马达吗？今天我划得有点累。"

真好！幼儿又将踏上一段关于小船的新的探索之旅……

图 3.2.13 "大一班号"小船下水

3. 阶段反思

"小船"的探究对大班幼儿而言，趣味背后更多的是挑战，小船竣工后是否能成功下水的探究再一次调动了幼儿对工具的已有经验。围绕幼儿提出的"小船渗水"问题，教师给予了幼儿充分的发言权和选择权。验证小船是否渗水、提出渗水的补救措施等环节是幼儿借助真实的情境解决真实问题的过程，同时，在大胆猜想、发现问题、及时反思、解决问题的背后更是幼儿高阶思维能力的运用和体现。

大班上学期的幼儿，面对诸如船下水时如何确保安全等问题，尚无经验独立解决。家长志愿者的参与刚好解决了这个困境。在家园协作、联动共育的过程中，整合家长资源，为幼儿提供更专业的指导，也能为项目的推进注入更多的可能和活力。

四、项目反思

（一）基于发展和潜力的探究更能带动幼儿的深度学习，从而培养卓越的学习品质

在探究精神的引领下，面对新的问题和新的挑战，幼儿依旧能勤于思考、勇于尝试，学习兴趣持续高涨。幼儿边学边做，边讨论边思考，从了解造船需要的一些自我保护方法，到知道如何借用工具画线描图样；从会使用固体胶，到了解胶水的不同种类和黏度。幼儿不断生成新的问题，发起新的挑战。无疑，这艘船能让幼儿成为一名全面发展的探究者。

（二）基于合作和联动的行动更能推动幼儿的广度发展，从而建立更专业的学习社区

这里的行动不仅仅指幼儿的行动，更是教师、家长及更广泛社区为支持幼儿而采取的行动。学习社区的形成和壮大是幼儿学习得以开展的重要保障，学习社区中多元主体合作（幼儿与幼儿的合作、幼儿与家长的合作、幼儿与教师的合作、家长与教师的合作）机制的建立也能共同推动项目的落地。由于在前期活动中有向其他人求助的经验，所以当幼儿遇到困难时，他们也会迁移已有的能力自发地整合幼儿园的资源，连接起问题解决的桥梁。

五、总结性评价量规

评价维度	评价指标	D	Q	G	E
乐探究	能用一定的方法验证自己的猜测。				
乐探究	了解不同简单工具的功能，发现常见物体的结构与功能之间的关系，并能选择合适的工具完成任务。				
有责任	能依据分组制定的计划认真负责地完成自己所接受的任务。				
有责任	合力制造小船时主动承担任务，遇到困难能够坚持而不轻易放弃。				
会交往	既愿意独立思考解决问题的方法，也能在遇到困难时大胆提出问题并用合适的方法寻求他人的帮助。				
会交往	愿意与他人一起讨论问题，尊重每个组员的想法，当别人跟自己持有不同意见时能用合适的方式进行表达。				
会交往	在成人的指导下不争夺玩具。				

评价等级说明

E=Excellent: 优秀，超出成功标准
G=Good: 良好，满足成功标准
Q=Qualified: 合格，接近成功标准
D=Developing: 需努力，远未达到成功标准

我和组织

小教室，大机场

——陈 茜

在"人与社会"维度之下"我和组织"共性主题探究中围绕交通系统的探究生成了"小教室，大机场"这一项目化学习。在项目实施的计划与启动阶段，教师和幼儿围绕"把教室变成飞机"这一极具创造性的想法，开展了将教室设计、布置成飞机的探究。在项目开展阶段，"飞机能起飞了吗"这一驱动问题让幼儿持续建构对交通系统要素的思考。在分享与反思阶段，经由家长资源的支持，教室里的飞机系统得以有效运转，幼儿则在游戏和情境体验中对交通系统的安全问题进行发现和解决。

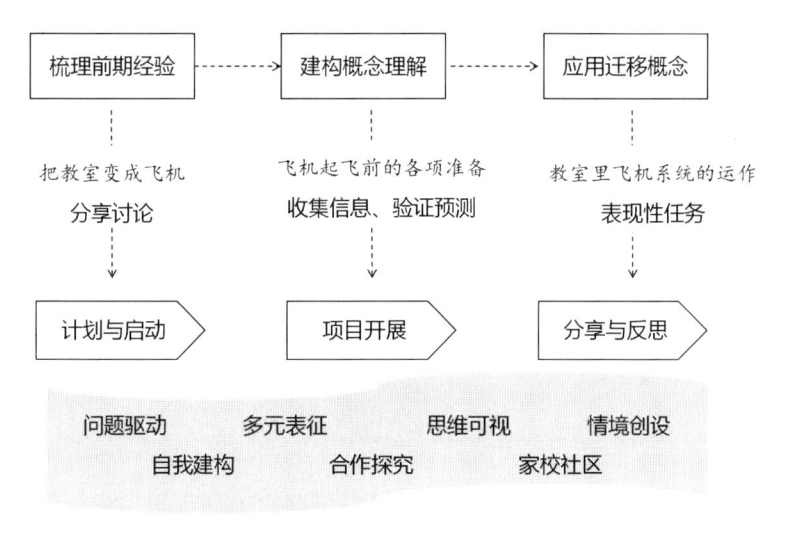

图 3.2.14 素养本位项目"小教室，大机场"实施模型图

一、项目背景

（一）项目来源

在小班共性主题"我和组织"中，教师创设了一系列与"交通"息息相关的环境创设，包括室内环形马路、铁轨作品墙、飞机跑道欢迎墙以及轮船主题墙等。这些生动而富

有创意的空间设计极大地激发了幼儿对交通工具的浓厚兴趣，促使他们自发地围绕该主题开展游戏。其中，飞机因其独特的魅力吸引了众多幼儿的关注，成为他们深入探究的焦点。于是，教师与幼儿一起围绕"机场系统"开展了项目。

（二）项目开展的价值

1. 以手段性游戏助推项目开展，让项目更有益

对小班幼儿来说，手段性游戏既是支持其探究的重要方式，也是推行项目式学习的有力手段。将课程游戏化的理念借由项目的方式进行落地，增强了幼儿学习的实践性和场景性，项目对幼儿发展的最大价值会以顺应幼儿天性的方式进行呈现。本项目就是借助角色游戏的方式推进项目开展，在提升幼儿对机场系统认识和理解的基础上，培养幼儿的探索精神、合作能力和解决问题的能力。

2. 以角色类游戏体验项目全程，让项目更有趣

建立在幼儿生活经历和社会体验基础之上的情境性项目化学习，能让幼儿在形成概念性理解的过程中，感受生活的智慧，享受项目的趣味。借助模拟的"机场系统"环境，幼儿得以亲身参与其构建过程，从而深化对"机场系统"如何影响人们日常生活的认识。在游戏化的学习体验中，他们更能体会到一个安全、高效的机场系统对现代社会的重要性。

二、项目概述

年龄段	小班	项目时长	6周
核心素养	乐探究　会交往		
发展领域	科学、社会	项目目标	通过情境创设和角色扮演，感知机场系统中的构成要素，并在参与交通系统运作中体验交通工具带给人们的乐趣和便利。
本质问题	交通系统是如何运作的？	核心任务	建造教室里的机场系统并让系统运作
任务群	• 设计并建造教室中的A380飞机 • A380飞机系统营业开放		

三、项目过程

（一）计划与启动

1. 驱动问题

（1）可以把教室改造成一架飞机吗？

（2）教室变成飞机是什么样子的？

2. 过程描述

（1）经验铺垫，灵感迸发

"机场除了有飞机，还有什么吗？"为了解决辰辰的疑问，我们组织了一次集体阅读活动，共读了《飞机旅行》和《第一次坐飞机》这两本绘本。我们还搜集了大量关于飞机的资料，帮助幼儿全面回顾和梳理乘坐飞机的过程，深入了解机场的各个部门及其功能。在过渡环节，教师播放了空客A380的宣传视频，不经意间点燃了幼儿对飞机的探索热情。视频观看结束后，竟然有幼儿提出了一个大胆的想法——将我们的教室改造成一架飞机。"教室变成飞机的话，那就太好玩了！"这个想法得到了其他幼儿的呼应。

（2）设计图纸，飞机诞生

图 3.2.15　区角里的飞机玩具成为幼儿探讨的焦点

幼儿立刻投入到了热烈的讨论中，思考着"飞机上有什么""飞机的里面和外面是什么样子的"等问题。在教师的带领下，幼儿跟好朋友一起设计属于他们自己的飞机图纸。这些设计图纸不仅展示了幼儿前期从绘本、视频、画册、模型中观察到的内容，也反映出他们对飞机基本结构的理解。

经过分享交流和举手表决，我们确定了大家认为最出色的设计图纸，并着手对教室进行改造。在四天的时间里，幼儿为飞机起了一个响亮的名字——A380，并添加了挡风玻璃、仪表盘、操纵杆、按钮、安全带、飞机上的标志、电动舱门以及客饭和饮品等跟飞机有关的元素，幼儿将自己的创造力和想象力具象到飞机的每一个细节中。

图 3.2.16　幼儿为教室飞机设计的图纸　　　　　图 3.2.17　家长提供的 1∶1 驾驶舱操作台图纸

然而，在改造过程中，也有幼儿发出了质疑的声音："教室里的飞机有了这些东西就能起飞了吗？"有的幼儿认为这不可能，因为这只是一架假的飞机；而有的幼儿则认为，因为缺少机翼、发动机等关键部件，所以这架飞机还不能起飞。面对这些质疑，幼儿开始反思并调整他们的设计，不断完善飞机的各个部分。在这个过程中，他们的批判性思维和解决问题的能力也得到了锻炼和提升。经过几轮的修补和调整，这架由幼儿亲手改造的 A380 飞机成为了教室里一道亮丽的风景线。

图 3.2.18　幼儿剪吸管来制作飞机上的饮料　　　　　图 3.2.19　幼儿为自动舱门铺设电线

图3.2.20 幼儿制作的飞机操纵杆

3. 阶段反思

(1) 借助绘本，梳理经验

绘本，作为一种图文并茂的儿童阅读载体，对于幼儿的经验梳理具有独特的作用。案例中，通过共读《飞机旅行》和《第一次坐飞机》这两本绘本，教师成功地将绘本内容与幼儿的实际生活经验相结合，不仅帮助他们回顾了以往乘坐飞机旅行的经验，还引导他们梳理了乘坐飞机的全过程。这对于调动幼儿的已有经验和探究兴趣都非常重要！

(2) 问题驱动，教师在后

教师将主动权完全给予幼儿，鼓励他们依据自身的兴趣和好奇心去深入挖掘问题，这不仅极大地点燃了他们的内在热情，还促使他们更加主动地投入到飞机系统的建构之中。在活动过程中，教师细心聆听并敏锐捕捉孩子们提出的每一个能够推动项目进展的问题，同时，教师并未直接给出答案，而是协助幼儿搜集相关资料，引导他们自行思考并解答自己的疑惑。

（二）项目开展

1. 驱动问题

飞机能起飞了吗？

2. 过程描述

(1) 探究机坪，拓展新知

飞机改造完成，幼儿热切期待着它的首次"飞翔"。教师还没有提出飞机上的分工问题，幼儿已经开始跃跃欲试了，"我要当机长""我当空姐""我当乘客"。然而，当飞机准备就绪，机组人员也到位时，我又抛给大家一个问题："有了飞机和机组人员，飞机就能起飞吗？"确实，飞机起飞还要做很多准备工作，而这些工作基本都是在飞机起飞的机坪上完成的。但孩子们貌似对这些内容感到很陌生，于是教师就邀请在机场工作的志愿者爸爸，结合相关的照片和视频为幼儿介绍跟机坪有关的秘密。

"关于机坪，你们有什么想知道的事情吗？"

"机坪是干什么的？"

"机坪上有什么呢？"

"为什么机坪上有这么多东西？"

在好奇心的驱使下，幼儿惊喜地发现原来机坪上停放着各式各样的车辆：油罐车、行李车、行李传送车、摆渡车、食品供应车等。"飞机起飞为什么需要这些车呢？"幼儿围绕这些特殊的车辆，讨论它们与飞机起飞之间的紧密联系。

当发现教室里没有这些车辆时，卓乙失望地说："我们的（教室里）飞机没有这些车怎么起飞呢？"这时，一个幼儿提出了一个绝妙的想法：我们可以将之前在教室里玩过的"马路上的车"变成机坪上的车。于是，幼儿开始动手，根据每辆车的不同特点，给它们赋予了新的身份：有大大容量的变成了行李车，有座位的变成了摆渡车，绿色的火车头变成了加油车。这些之前幼儿已经没兴趣玩的车，现在重新成为了他们的宠儿。

午饭后，幼儿迫不及待地穿上工作服，在走廊上体验起了在机坪上开车的感觉。每天早晨，他们还会开着"摆渡车"去迎接"小客人"，周五放学时，则开着"行李车"运送打包好的被褥。这种游戏与日常活动的结合，使幼儿更加深入地理解了机坪上各种车辆的用途，链接起了飞机起飞的相关经验。

图 3.2.21 探讨机坪上可升降的食品供应车

图 3.2.22　根据自己手拉车的特点来模拟机坪上的车

图 3.2.23　周五放学用"行李车"帮忙运送被子到接送口

（2）新建塔台，经验迭代

似乎该准备的都准备好了，飞机能起飞了吧！幼儿一大早就换上了工作服，急切地等待着飞机的起飞。他们不停地问教师："飞机什么时候可以起飞啊？"教师则装作很迷茫的样子回答："我也不知道呢，难道机长想飞就飞，想不飞就不飞吗？"这时，暖暖站出来告诉大家，飞机起飞是要听从塔台指挥的。

于是，教师找到了一本绘本——《飞机起飞了》，和幼儿一起探讨机长是如何在看不见的道路中把乘客安全带到目的地的。通过这个故事，幼儿明白了要让飞机起飞，不仅需要

图 3.2.24　走廊里的"控制中心"为机长提供不同天气信息

图 3.2.25　幼儿在操场滑滑梯上的"塔台"观察机坪周边情况

机组人员的努力，还需要搭建塔台和控制中心。"幼儿园哪个地方适合做塔台呢？"经过激烈的讨论，他们最终决定将塔台设在操场最高的树屋里，并使用对讲机作为沟通工具。

至此，幼儿对机场系统的认识更加完整和真实了，一次次角色扮演不断建构着幼儿对交通系统各要素的理解，接下来就是要在飞机系统运作中展现自己对探究主题理解的时刻了。

3. 阶段反思

（1）代入情境，发现联系

项目来源于生活，模拟的真实情境对项目的开展同样有价值。教师创设的情境能够帮助幼儿发现事物之间的联系，提升他们的认知能力和问题解决能力，例如，教师将幼儿带到模拟"机坪"上，幼儿立马发现了机坪上各种各样的车，在讨论中了解了不同车与飞机之间的联系。

（2）等待时机，引出问题

教师在幼儿探究过程中采取不提前告知，当幼儿遇到问题时再进行引导的策略，这种策略主要是为了满足幼儿通过自主探索建构自己知识和经验的需要。比如，大家都在等待"飞机起飞"，可是等了很久飞机仍然没有起飞，问题出在哪儿呢？幼儿恍然大悟，飞机起飞还需要机坪、塔台以及控制中心的指令。

（三）分享与反思

1. 驱动问题

（1）教室里的飞机系统是怎么运转的？

（2）如何让我们创设的机场系统更安全？

2. 过程描述

（1）A380顺利起飞了

在前期调查中，我们惊喜地发现班级里有不少家长是机长或空乘培训师，他们对飞机的运作非常熟悉且专业。于是，我们诚挚地邀请他们来教室，亲自驾驶我们的"A380"模型飞机，为幼儿带来一场真实的展示。

当天，家长们身着整洁的制服，以机组人员的身份从走廊走来，立刻成为了幼儿瞩目的焦点。从起飞到降落，机长爸爸们与塔台和控制中心的工作人员紧密沟通，确保每一个步骤都准确无误；乘务员则进行了专业的播报，并提供了多样化的服务，让幼儿仿佛置身于真实的航班之中。作为乘客的幼儿兴奋不已，他们为爸爸妈妈的专业表现热烈鼓掌。这次活动不仅让幼儿为爸爸妈妈感到骄傲，更重要的是，他们从中积累了宝贵的实践经验，对飞机系统的运作有了更加全面和深入的了解。

图 3.2.26 机长爸爸驾驶教室里的飞机　　图 3.2.27 乘务员妈妈为小乘客们提供服务

图 3.2.28 机长爸爸们、乘务员妈妈们与幼儿合影

(2) 机场系统安全升级

有了机组爸爸妈妈们的专业示范，幼儿的角色意识及执行力有了明显的提高。他们在游戏的过程中，不仅享受了扮演的乐趣，更发现了许多与安全息息相关的场景，比如，有人闯进了机长的驾驶舱；接驳车翻车了，乘客差点受伤；托班的幼儿总是不配合安检；飞机上有一些标志幼儿不认识；飞机上的食物存在问题，等等。

面对这些与安全息息相关的挑战，幼儿们并没有退缩，而是充分发挥了他们的自我能动性。他们不仅在游戏中积极思考，更采取了实际行动来解决这些问题。例如，在驾驶舱增设隔离栏以防止乘客擅自闯入；在驾驶接驳车时，确保自身安全的情况下能够倒着走，以便及时调整方向，避免潜在的安全隐患；通过语言提示和动作示范来引导乘客配合安检工作；在飞机上添加"禁止入内""急救箱""小心滑落"等安全标识，以提高乘客的安全意识；同时，他们也明白准备好的食物必须妥善存放在冰箱里，以确保其新鲜和安全。

通过一次次的实践，幼儿们不仅深刻体会到了构建安全交通系统的重要性，更在游戏中提升了自己的责任意识。他们明白，每一个细节都可能关乎整个交通系统的安全，因此必须时刻保持警惕，确保每一个环节都能得到有效管理和控制。这样的角色扮演活动，不仅锻炼了幼儿们的动手能力和创造力，更让他们在游戏中学会了如何面对和解决安全问题，为他们的成长奠定了坚实的基础。

3. 阶段反思

（1）情境游戏，理解角色

游戏是幼儿学习的基本方式。通过开展机场系统的角色游戏，幼儿可以在轻松愉快的氛围中了解各种职业的基本知识和所需技能，同时提高社会适应能力和合作能力。

（2）真实体验，感知责任

在模拟机场系统的多次角色扮演活动中，幼儿深入参与并观察机场运作的各个环节。通过这种模拟情境游戏，他们不仅自主发现了机场运作中的诸多问题，尤其是那些与安全息息相关的事项，还从中深刻体会到了安全交通系统对人们日常生活的重要性。

四、项目反思

（一）积极回应和有效支持，让不可能成为可能

在此次项目中，我们积极回应了幼儿的好奇心和探索欲望，为他们提供了必要的支持和引导。面对"把教室变成一架飞机"这个看似不可能的任务，我们并没有直接否定或限制幼儿的探索，而是通过收集资料、集体讨论、小组合作、整合资源等方式，引导他们逐步克服困难，使得一些看似不可能完成的任务变得可能，也让幼儿们在探究过程

中获得了更多的成长和收获。这种支持和引导也帮助他们建立起了面对困难不退缩、勇于尝试的信心。

（二）游戏体验和问题反思，让经验内化为行动

在项目实施过程中，我们注重通过游戏体验来引导幼儿进行问题反思和经验内化。我们设计了一系列与"机场系统"相关的游戏环节，如打造交通系统、角色扮演、模拟飞行等，让幼儿在游戏中体验机场系统的运作过程，发现问题并尝试解决问题。在角色扮演游戏中，幼儿分别扮演机长、乘务员、乘客等角色，模拟了飞机的起飞、飞行和降落过程。当他们遇到了诸如乘客安检、接驳车翻车、擅闯驾驶舱等问题时再来进行反思，更能调动幼儿问题解决的经验，让经验为自己的实践服务。在角色游戏后，我们组织幼儿讨论了在现实生活中乘坐飞机时该如何遵守规则、保持安全等问题。通过这种方式，幼儿将游戏经验内化为实际行动，提升了安全意识和自我管理能力。

五、总结性评价量规

评价维度	评价指标	D	Q	G	E
乐探究	能仔细观察飞机模型，并发现飞机的明显特征。				
	根据自己的想法和意图进行飞机图纸的绘制。				
	搭建飞机的过程中善于问各种问题，好奇地摆弄物品。				
	探索已有材料和建造飞机之间的关系，在教室中补充不同的飞机零件。				
会交往	在飞机角色游戏中自主选择自己感兴趣的游戏内容。				
	在飞机系统运作的游戏中，愿意承担小任务，体验不同的社会角色。				
	大胆跟同伴和教师用语言表达自己的需求和想法。				

评价等级说明

EE=Excellent: 优秀，超出成功标准
G=Good: 良好，满足成功标准
Q=Qualified: 合格，接近成功标准
D=Developing: 需努力，远未达到成功标准

我和时空

欢迎你到泰国来

——单 芸

在"人与社会"维度之下"我和时空"共性主题探究中围绕"你想让我们的教室变成哪个国家"的讨论生成了"欢迎你到泰国来"这一项目化学习。在项目实施的计划与启动阶段，教师和幼儿共同探讨了展示泰国文化的方案，幼儿明确了自己在项目中的角色和任务。在项目开展阶段，幼儿围绕着对文化的理解、表达和展示进一步对泰国文化深入探究，并借助区角环境的设计让文化的呈现好玩有趣。在分享与反思阶段，幼儿通过新年集市和开放日两个表现性任务将自己对多元文化的理解扩展到更广泛的社区中以延续探究兴趣和深度。

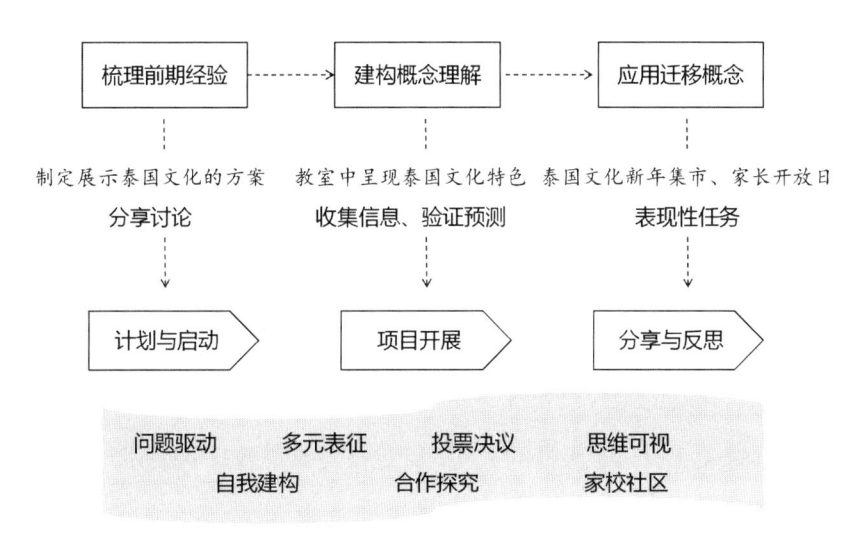

图 3.2.29 素养本位项目"欢迎你到泰国来"实施模型图

一、项目背景

（一）项目来源

在大班共性主题"我和时空"的探究前期，幼儿对不同国家文化进行了了解。为了让班级环境能够支持幼儿探究，并对某一个国家进行深入探究，我们与幼儿开启了"你想让我们的教室变成哪个国家"的讨论。

小渊：我想把我们的教室变成美国，因为美国有很好喝的牛奶。

彤彤：我去澳洲旅游过，澳洲还有好吃的牛排和烤面包，海滩也很漂亮。

恬儿：我想把教室变成泰国，因为我在泰国玩得很开心，还遇到了自己的老师。

明依：我觉得变成法国不错，法国有一座特别酷的塔，叫埃菲尔铁塔。

经过两轮集体投票，大家逐渐在"把教室变成泰国"这个想法上达成了共识。教师决定将教室的环境布置和区角安排交给幼儿。很快，一场在教室里的泰国之旅开始了。

（二）项目价值

1. 助力幼儿的能动性，成为空间的真正主人

提供空间与主动权给幼儿，能调动他们在学习和探究过程中的主动性，激发他们进行自发的探究。他们为了完成布置而主动探究泰国的文化，而在体验中也能感受泰国文化的不同之处。主动探究而来的内容会使得获得的经验刺激更为直接，从而更有利于他们构建出对于旅行这个主题下不同概念的认知。

2. 感受文化的多样性，体验世界的多姿多彩

以幼儿自主环境创设的方式将文化搬进教室，让幼儿有机会在分组发现和探究中了解泰国的文化。幼儿对泰国与中国截然不同的文化产生了非常浓厚的兴趣，在设计与体验的过程中，感受到了泰国特别的文化与风情。项目结束后，很多幼儿出于对泰国的好奇与热情，希望爸爸妈妈可以真的为自己安排一场泰国之旅，去认识和感受泰国的文化。这个项目激发了幼儿对国家文化、风土人情的关注，让旅行更富有教育的意义。

二、项目概述

年龄段	大班	项目时长	9周
核心素养	会创造　会反思　会交往		
发展领域	社会 艺术 语言	项目目标	对不同国家的文化感兴趣，在与同伴一起创建充满泰国文化味道的教室中，体验和感受文化的多样性与差异性。

续表

本质问题	不同国家的文化有什么不一样?	核心任务	将泰国文化融入教室环境和区角活动
任务群	• 计划并布置泰国活动区角 • 举办新年集市 • 主办泰国文化家长开放日		

三、项目过程

(一)计划与启动

1. 驱动问题

如果要把教室变成泰国,我们要怎么做?

2. 过程描述

(1) 欣赏来自泰国的纪念品,了解泰国文化

通过前期的讨论和投票,我们发现,幼儿虽然去过很多国家,但是他们选择不同国家的原因和依据大多集中在好吃和好玩的东西上,因为这些和他们自己的经验与感受直接相关,但是对当地的文化特色却了解甚少。"泰国的文化是什么样子的?"我们请家长跟幼儿一起找找跟泰国有关的旅行纪念品。通过观察不同的纪念品,如泰国竹篮、桌布、衣服、装饰时钟、旅行照片、泰国足贴、泡脚药包……幼儿初探了泰国文化的特点。比如,幼儿通过很多纪念品上的大象图案,了解到大象是泰国的国宝;通过衣服和装饰品上各样

图 3.2.30　幼儿介绍带有大象图案装饰的时钟　　　图 3.2.31　幼儿介绍泰国泡脚药包

的花纹,发现泰国人很喜欢使用花纹装饰等。

(2)分享布置教室的方案,明确小组分工

在讨论如何把教室变成泰国的时候,谦谦就告诉老师:"我今天要回家设计一份布置教室的方案,明天就带过来!"第二天他真的带着他和爸爸一起制定的方案来跟我们分享了。

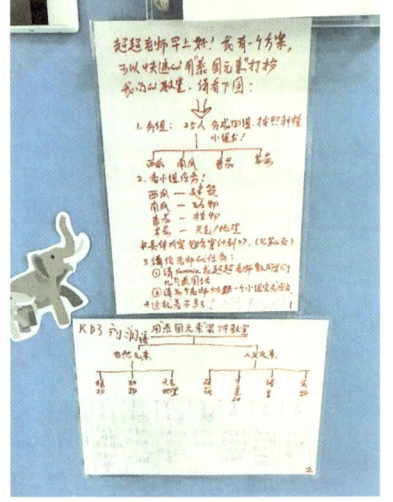

图 3.2.32 幼儿分享自己的教室布置方案

图 3.2.33 幼儿和家长一起制定的方案

"我觉得可以把全班25人分成四个小组,按照中班种植植物分组的方式进行。每个组分别负责泰国建筑、动物、植物、天气或地理……"虽然,这是一份全文字的方案,但谦谦还是很认真地对照着方案跟大家分享自己的想法,大家都听得很认真,并自发地为他鼓掌。

"在教室里做一些跟泰国建筑、动物、植物、天气或地理有关的事情,你们觉得适合吗?"

有的幼儿提出了异议:"天气或地理是什么意思?"或许这部分内容对幼儿来说可操作性不强,于是,我们跟大家讨论可以替换的内容。聊天的过程中,幼儿表达出对泰国美食和钱币的兴趣,新增一家泰国美食店和兑换泰国钱币的银行被纳入了幼儿的新计划。

经过四个小组的组内讨论,他们确定了自己小组要负责的工作,并在教室中寻找适合的区域。

表 3.2.3　小组任务分工表

小组	负责内容	选择区域	原因
草莓组	泰国美食	原扎染区	要做菜，需要靠近窗户通风
西瓜组	泰国建筑	建构区	需要很多不同的搭建材料
	泰国银行	科探区	需要思考，要找一些可以当钱的材料
南瓜组	泰国动物	美工区	需要各种材料做大象
番茄组	泰国植物	植物角	植物角的暖房适合照顾植物

图 3.2.34　小组成员一起选择合适的工作区域

3. 阶段反思

（1）分工合作要基于幼儿切实的发展需要

大班幼儿的社会性发展将从自我中心逐步发展到团队合作。首先，我们希望在合作中锻炼和发展幼儿的社交能力，比如，共同做决定，在小组中尊重组员并认真倾听，在小组中发表意见，利用团队的力量互相帮助解决问题等。其次，在以往的探究活动中，幼儿已经具备了初步的合作经验，在"共享地球"照顾植物的活动中，幼儿一起制定计划、分工、开视频会议等，小组成员经历过磨合，学习了怎么处理矛盾，在合作上有一定的基础和经验。尽管主导教室环境及区角布置对幼儿来说是很大的挑战，但以有合作经验的小组为单位开展项目，会减少一些难度。

(2) 项目推进要立足幼儿已有的共性经验

通过与幼儿对旅行国家投票的讨论能看出，幼儿通常最关注的是好吃的和酒店的设施，而对于文化的关注和了解甚少。如果能够进行前期经验调查，发现幼儿在对泰国文化了解上的经验有提升的需要，也能通过多种活动和手段，支持他们在各组的项目推进前进行共有经验的储备。

（二）项目开展

1. 驱动问题

(1) 泰国有些什么特色？

(2) 我们可以怎么呈现？

2. 过程描述

(1) 制定小组行动计划

在制定行动计划前，我们和幼儿一起头脑风暴，讨论了这份行动计划里需要什么要素，例如小组标记、时间、地点、具体安排等。

草莓组和南瓜组率先开始了行动！

图 3.2.35　草莓组讨论行动计划　　图 3.2.36　草莓组品尝泰国菜计划

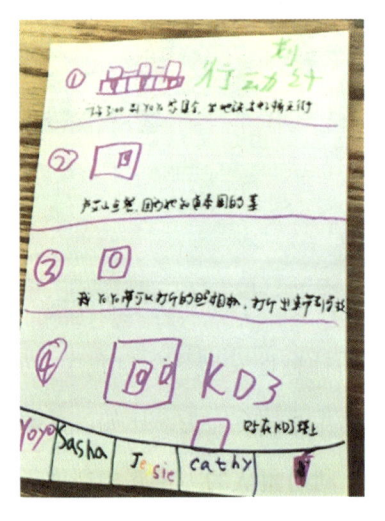

草莓组的第一步是下午 3：00 在优优家集合，坐地铁去虹桥天街；第二步是由山山点餐，因为她吃过且熟悉泰国的菜；第三步是优优带可以打印相片的照相机，打印出照片带到学校。

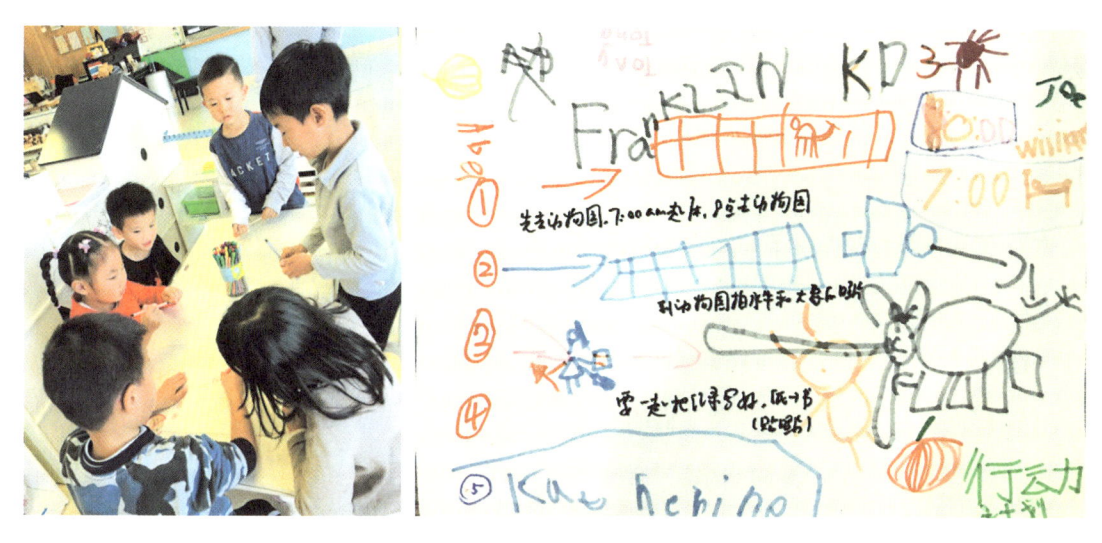

图 3.2.37　南瓜组讨论行动计划　　　　图 3.2.38　南瓜组参观动物园计划

南瓜组的计划是第一步先去动物园，早上 7：00 起床，8：00 到动物园；第二步到动物园拍水牛和大象的照片；第三步是用纸和笔记录好，做成一本书带来学校。

图 3.2.39　草莓组行动合影　　　　图 3.2.40　南瓜组行动合影

已经完成行动的两个小组向全班汇报了活动经历，没有完成行动的西瓜组和番茄组也反思了自己小组没有执行计划的原因，并且重新制定了计划。西瓜组决定寻找泰国建筑的海报，并带来泰国建筑模型，跟爸爸妈妈一起去银行预约兑换泰铢。番茄组决定去参观辰山植物园，跟爸爸妈妈一起去集市采购热带植物并带来学校。

(2) 区角设计遭遇瓶颈

项目进行初期，幼儿风风火火地按照自己的想法布置环境。但很快"问题"就出现了。比如，南瓜组负责的泰国动物仅局限于大象，他们设计的活动是用毛巾、橡皮泥、铁丝做大象，大家觉得有点无聊；草莓组负责的美食区，大家只是分工带了碗和盘子，但对于要准备些什么食材、怎么样才能让顾客玩起来，组员没有想法。

眼看一切停滞，布置也没有进展。经过和组员们的进一步沟通，我们分析了幼儿在三个方面需要的帮助并提供了一系列支持。

【问题】除了已经想到的，泰国还有什么？

【解决策略】信息资源支持。

为了丰富幼儿的经验，刺激他们的思考，教师分享了一些泰国视频和网页信息供他们观看，如"泰国印象""泰国水果""泰国夜市""泰国巨龙寺""泰国水上市场"等，每组请一个记录员，随时记录下组员觉得有用或者想要做的内容。

图 3.2.41 组员观看相关视频，记录自己感兴趣的信息

图 3.2.42 组员记录的信息

【问题】制作区角要准备些什么？

【解决策略】采访有区角制作经验的老师，并对区角制作进行观摩。

幼儿分组去到不同班级，对教师进行采访，了解区角设置需要准备什么，四个小组采访完后大家一起用思维导图进行了观点汇总。

图 3.2.43　幼儿参观并讨论梳理观点

【问题】要让大家在区角里玩什么？

【解决策略】再一次到其他班级观摩学习。

大家听说隔壁班级区角布置成了美国，里面设有"星巴克咖啡厅""麦当劳""唐人街"和"好莱坞"等，因此我们和隔壁班的幼儿商量好去参观学习，并用思维导图梳理新发现。

140　做美好世界的教育——核心素养导向的幼儿园课程建设与实践

图3.2.44　观察"麦当劳"的布置 　　　图3.2.45　参观"唐人街"的银行

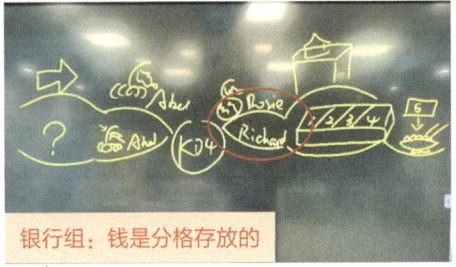

美食组：做菜是有步骤的　　　　　银行组：钱是分格存放的

图3.2.46　思维导图梳理新发现

通过一系列问题的解决，我们请幼儿重新调整了计划，优化了每个区角的设计。

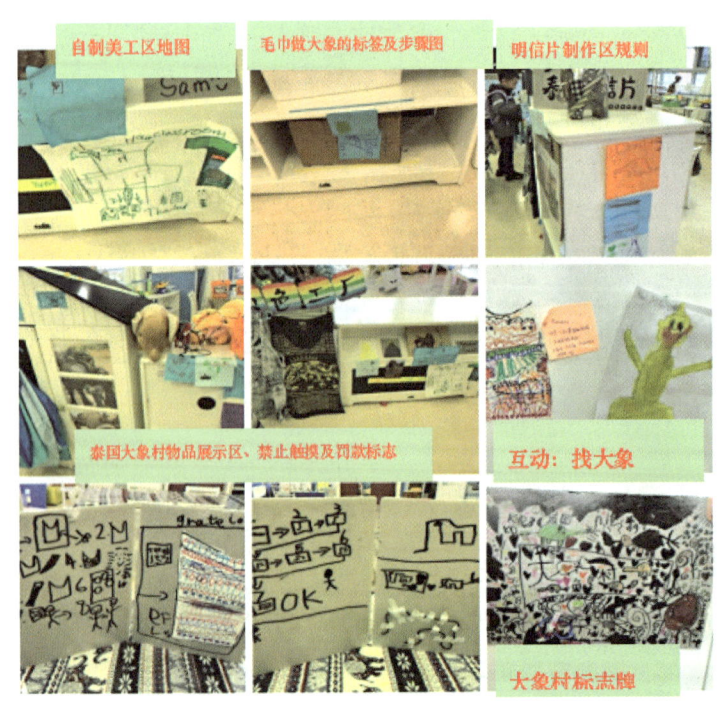

自制美工区地图　　毛巾做大象的标签及步骤图　　明信片制作区规则

泰国大象村物品展示区、禁止触摸及罚款标志　　互动：找大象

大象村标志牌

图3.2.47　南瓜组优化调整后的区角环境设计

（3）区角试玩讲解演练

各个小组的准备都趋于完善。在正式开始之前，为了测试每个区角的活动准备是否周全，我们让幼儿进行了一次"试玩"，并请小组互相提意见，各小组调整完善后，泰国区角就可以全面正式开张了！

图 3.2.48　区角试玩并互相记录意见

试玩活动结束后，幼儿对试玩的不同区域提建议，帮助区域更好地改进，如：

- 洗过的水果和没洗过的水果要分两个盒子装；
- 果汁不能做太多，接近吃饭时间，不能喝太多；
- 植物角的玩具太少了。

为了让前来体验的人更好地了解每个区角的玩法，我们决定让每个小组向其他人进行介绍。组员们开始组内排练互相给意见，通过互评的方式进行反思和改进。

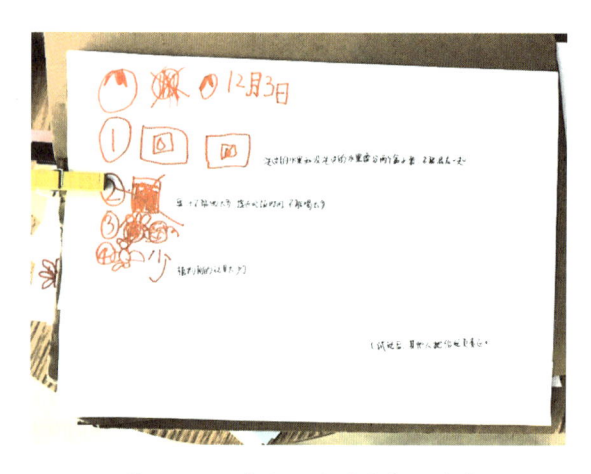

图 3.2.49　番茄组收到的意见反馈

图 3.2.50　草莓组进行玩法讲解演练并制定了讲解要点计划书

3. 阶段反思

（1）多样的反思方式，鼓励幼儿及时发现问题、优化项目

幼儿在准备的过程中，难免会有很多想不到或者思考不够周全的地方。教师如何不直接提醒他们，但是又能帮助他们发现问题呢？这就需要幼儿学习反思的能力。

帮助幼儿进行反思，引导他们主动发现问题，有很多方式，如自评和他评。试玩就是一种很好的他评方式，能让幼儿自己发现问题；组内排练也是一种很好的自评与他评的方式。

(2)"不想直接告诉孩子们答案",引发项目推进中对教师自身角色的思考

教师的角色是不断给幼儿提供答案或告诉幼儿下一步要做什么吗?教师能给予的支持是什么呢?我们认为教师可以站在幼儿的角度,尝试思考和剖析问题根源,发现幼儿所缺乏的并提供帮助,支持他们自己去找到答案,自己想到解决问题的办法。教师可以给幼儿提供思考的机会,例如在制定行动计划前头脑风暴需要思考哪些内容;在幼儿思考不周全时引导他们进行主动的反思,主动发现问题并解决问题。

(三)分享与反思

1. 驱动问题

如何展现我们的成果,让更多的人了解泰国?

2. 过程描述

(1)新年集市开业啦

新年即将来临,上海的各个商场里都开起了新年集市。往年的新年,幼儿都是买好礼物来进行交换,这次我们决定将区角的活动进行更新与升级,结合新年主题,将每个区角变成一个摊位,大家互相采购新年礼物。另外,我们也想邀请幼儿园的教师们一起来参与我们班的新年集市活动。

图 3.2.51 分享新年集市纪念品

小硕去逛了新年集市,带来集市的照片和大家分享集市的情况。教师也提供了集市的照片或视频给幼儿观看,丰富他们对新年集市的经验。进入筹备环节,幼儿先是一起头脑风暴新年集市里有些什么,需要准备哪些内容。接着各组分头制定行动计划,决定怎么布置,需要什么材料,要卖什么。除了幼儿自制的商品外,家长也帮幼儿采购了一些物资。

幼儿非常热情地推销自己摊位的物品,教师们也纷纷购买他们喜欢的东西以支持孩子们。当天的集市我们一共赚了 280 元。对于钱款的用途,孩子们决定,一半捐去给山区的孩子们,一半用于给班级每个幼儿"发工资"。拿到工资的那一刻,他们开心极了!

图 3.2.52　小组成员讨论新年集市的计划

图 3.2.53　新年集市筹备中

图 3.2.54　教师们参与新年集市

(2) 一场由幼儿主导的家长开放日

学期末的家长开放日临近，我们想让幼儿跟自己的爸爸妈妈一起分享自己两个多月的探究成果。我们先请幼儿一起头脑风暴家长会上可以展示的内容，接着各小组开会决定自己小组展示的内容。我们惊喜地发现，每个小组想要展示的点都很不一样：有的小组想要展示自己设计的区角活动，有的小组想要展示他们团队合作是如何进步和成长的，有的小组想要展示区角建立的过程等。

图 3.2.55 各组成员分享自己的家长开放日计划

有了泰国区角创设和组织新年集市的经验，幼儿对于家长开放日的准备如鱼得水。由于时间限制，我们特意提供了计时器，请幼儿根据时间调整想要跟爸爸妈妈分享的内容。幼儿在排练中通过自评与他评进行项目的反思与改进。

期待已久的开放日终于到来了！幼儿在教室里列队欢迎身着泰国服饰的爸爸妈妈入场，一声"萨瓦迪卡"，拉开了开放日的序幕。

我们邀请爸爸妈妈们体验了泰国活动的区角，并分小组向他们介绍了两个月来我们的探究故事，家长们认真听着孩子们的介绍，饶有兴致地投入区角活动，为孩子们的自主与自信鼓掌叫好。

在活动最后，当家长和孩子们一起喊出"萨瓦迪卡"的时候，我想孩子们对这样一段有益又有趣的文化之旅一定会印象深刻吧！这是幼儿对泰国文化探究的结束，也是对世界文化探究的开始。

图 3.2.56　家长们体验泰国区角活动

图 3.2.57　小组成员向家长介绍自己的探究历程

图 3.2.58　家长开放日的一个场景

3. 阶段反思

项目推进中,教师要支持幼儿创新成果展现形式,挖掘幼儿持久的探究力。

幼儿的经验是不断提升的,他们的乐趣不仅在于最后设计的区角多好玩,不断迎接新挑战的过程才是项目推进的高潮。在泰国区角设计完成后,我们将新年集市和家长开放日的主导权交给孩子,一方面希望幼儿能将自己的探究成果进行更加全面深入的分享,另一方面也希望在不同的场景下,幼儿能迁移自己已有的概念性理解并完成新的挑战。幼儿的兴趣与挑战结合,就能将经验不断复制,玩法不断升级。此外,两次不同形式的成果开放日,因学习社区里教师和家长的加入,给了幼儿更大的动力去尝试、去行动、去突破。

四、项目反思

(一)幼儿探究能动性的激发需要教师精心的策划

项目推进中,当教师怀着相信幼儿的心去坚持、去支持,就会看到幼儿的能量,并能给我们带来非常大的惊喜。他们的能动性不仅推动教师往前走，也推动着家长支持他们的计划。首先，把主导权、发言权和选择权交给幼儿，这给了他们莫大的动力和发挥空间去做自己喜欢和想要做的事情。给了他们教室，他们就有了动力，有动力就开始有了想法和行动。其次，学习社区的反馈与支持给他们很大的激励。当爸爸妈妈愿意因为孩子的主动而采取支持行动时，幼儿就有勇气去面对挑战，因为他们知道自己的想法和能力都会得到肯定。最后，行动计划助力他们不断从想法到事实，累积成功的信心与经验，让成功不断发生。做什么和如何做需要一定的工具进行支持，而制定行动计划并根据实际情况调整计划的过程就为幼儿探究能动性的发挥提供了可能。

2. 教师在项目推进中的角色和工作决定了幼儿项目推进的质量

项目推进中教师的角色到底是什么？教师可以做哪些事情？项目中我没有直接告诉幼儿答案，相反花了更多时间在思考与整理上，记录幼儿在想什么、遇到了什么问题、接下来一步要做什么。细细回顾，我提供的支持主要在以下几个部分：第一，激发思考与反思，如在幼儿制定行动计划前引导他们一起头脑风暴，确定计划要点，并记录下来，帮助幼儿在制定计划时能根据要点想得更清晰。第二，提供更多真实场景激励幼儿，比如，给他们提供教室的空间；引导他们进行实地的采访与观摩；给学校的教师和工作人员们发放邀请函，邀请大家来新年集市采购等。第三，协助解决合作问题，当幼儿的合作出现争执不下的情况，或者小组很容易因没有执行力的领导者而停滞不前时，教师需要介入，引导他们如何面对和解决这些问题。

五、总结性评价量规

评价维度	评价指标	D	Q	G	E
会创造	愿意和别人分享、交流自己喜爱的泰国纪念品和美好体验。				
	能用多种工具、材料或不同的表现手法表达自己对泰国文化的感受和想象。				
	能用自己制作的各类跟泰国有关的作品布置教室和区角环境。				

续 表

评价维度	评 价 指 标	D	Q	G	E
会反思	对自己感兴趣的泰国文化总是刨根问底。				
	小组反思中，对于好的活动经验感到满足，不足的地方愿意听取别人的意见进行调整。				
	在探究泰国文化的过程中，感受中国文化和泰国文化的差异，尊重不同国家的文化。				
会交往	在倾听小组成员讲解区角玩法后，自己也尝试有序、连贯、清楚地讲述。				
	在成人的帮助下制定项目计划并执行。				
	制定项目行动计划时能与小组成员合作与交流。				
	小组和集体讨论问题时，知道别人的想法有时和自己不一样，能倾听和接受别人的意见，不能接受时会说明理由。				

评价等级说明

E=Excellent: 优秀，超出成功标准
G=Good: 良好，满足成功标准
Q=Qualified: 合格，接近成功标准
D=Developing: 需努力，远未达到成功标准

我和时空

多彩的民族

——黄倩如

在"人与社会"维度之下"我和时空"共性主题探究中围绕"举办一场民族节"的表现性任务生成了"多彩的民族"这一项目化学习。在项目实施的计划与启动阶段,教师以终为始引导幼儿讨论"喜欢的民族节"的标准,为建构民族文化的理解提供了场域和机会。在项目开展阶段,通过对民族节活动准备的讨论激发了幼儿分组实践、亲身体验不同民族文化的主动性,奠定了幼儿不断理解中华民族一家亲的基础。在分享与反思阶段,幼儿根据自己的意愿分工展示自己前期的探究成果,合作完成了一场由幼儿设计、幼儿主导、具有儿童味道的民族节活动。

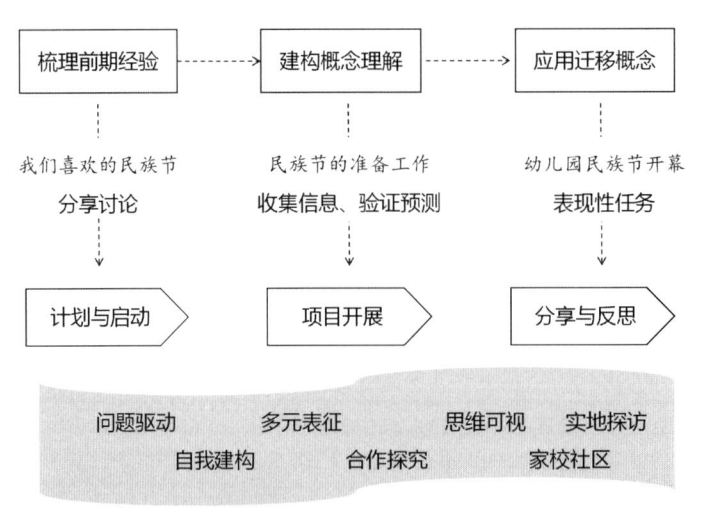

图 3.2.59 素养本位项目"多彩的民族"实施模型图

一、项目背景

(一)项目来源

大班幼儿在共性主题"我和时空"单元下,通过探究不同的节庆活动形式,了解了不同地域和民族的风俗习惯，形成了初步的多元文化意识。反思幼儿前期探究质量，我们发现幼儿在活动中大多担当的是文化体验者和活动参与者。幼儿能否基于前期探究经验，尝试做一做文化的传承者和活动组织者呢？结合幼儿园现有的节庆活动，我们询问了幼儿的意见，大家对民俗周中不同民族的趣味体验活动表现出浓厚的好奇心，并乐意作为幼儿园的小主人举办一场多彩民族节，邀请幼儿园的弟弟妹妹和客人老师们前来参与。

（二）项目价值

1. 创新的活动形式，迭代幼儿对抽象概念的感性认识

民族承载着文化的客体，而文化的概念又是抽象的。对幼儿来说，要理解文化的多样性和民族活动背后的意义，需要借助真实的情境和场景来体验民族的多样、差异和美好，进而充分感知中国是一个多民族的大家庭，萌发爱国家、爱人民的情感。以幼儿举办的民族节为契机，幼儿能带着任务意识从多个维度体验民族文化的精彩和魅力，为后续主导自己的民族节积累经验。此外，本项目突破幼儿园内探究的传统模式，充分利用社区资源，立足幼儿个体探究需求，为幼儿打造"园内+园外"立体全方位的探究体验。

2. 多重的角色身份，激发幼儿对探究活动的参与热情

探究共同体的建立中，坚持以幼儿为中心，就要最大限度地挖掘幼儿主体地位的内涵。项目架构时，幼儿就要成为推进项目的"专家"，而教师则需要根据项目具体内容的不同，给予幼儿体验不同角色身份的权利，支持幼儿专家思维的实践和落地。幼儿在该项目中将从参与者成为策划者和实施者，在被动到主动的角色转变中，用自己的方式和观点去表达对文化的理解，在心中埋下对中华民族文化自豪和自信的种子。

二、项目概述

年龄段	大班	项目时长	6周
核心素养	乐探究　有责任　会表达		
发展领域	语言 社会 艺术	项目目标	在主导幼儿园民族节开展的过程中，积极探究自己感兴趣的民族文化，初步萌发中华民族一家亲的情感。

续 表

本质问题	民族文化是否会因时代变迁而发生改变？	核心任务	设计、组织和展示自己喜欢的一个民族及活动
任务群	• 探究一个民族文化的元素 • 创设民族节体验场馆 • 现场展示自己设计的民族节活动		

三、项目过程

（一）计划与启动

1. 驱动问题

大家喜欢什么样子的民族节？

2. 过程描述

（1）梳理已有活动经验，确定民族节的任务清单

在过去的幼儿园生活中，幼儿经历了多姿多彩的节庆活动，如国庆节、中秋节、健康运动周、世界文化周、缤纷"六一"周、民俗文化周等，对庆典与文化、国家、地域等概念之间的联系有了初步的理解。作为体验者，他们能较为清楚地描述每次节庆活动做了什么，并表达自己的喜好。虽然没有组织活动的经验，但通过驱动问题的引导，不难让幼儿梳理出大家喜欢的民族节是怎样的。

经过讨论，幼儿认为要组织一个大家喜欢的民族节，以下几点非常重要：

- 民族节是要让人感到快乐的；
- 民族节里要有不同的（很多的）民族；
- 民族节里需要有可以玩的东西（活动）；
- 参加的人要多一些才能看上去很热闹。

幼儿对民族节的感性认识实则很难具象化，对于制定具体项目计划来说是有困难的。所以，教师通过制定任务清单的形式跟幼儿具体商定了民族节项目的细节。

- 参加的人要给我们点赞（好评）；
- 展示五个我们最熟悉和喜欢的民族活动；

- 从不同的方面（至少三个）去呈现一个民族不同的内容，准备的东西（物料）要多一点；
- 至少邀请幼儿园里五个班级参加。

（2）自主选择想要呈现的民族，共建合作约定

通过前期班级的旅行经验分享、角色游戏中民族服饰体验等活动，班级幼儿对汉族、壮族、朝鲜族、蒙古族、傣族、藏族、维吾尔族较为熟悉。为了激发幼儿的能动性，尊重幼儿的兴趣，我们补充投放了与这七个民族相关的服饰、书籍、视频、图片、游戏材料等，并预留几天幼儿自主探究的时间。同时，我们鼓励幼儿回去采访父母，了解家人对不同民族的认识。

一周后，幼儿发挥自己的探究选择权对七个民族进行意向选择。

经过讨论和选择，我们最终确定了汉族、朝鲜族、蒙古族、维吾尔族、藏族五个民族开展项目。同时，幼儿也根据自己的兴趣加入了最想参与工作的民族小组。

由于是幼儿自主分组，为了保障幼儿之间的合作更加有规可依，我们引导幼儿关注了班级之前一起制定的班级公约，并通过圆桌会议的形式，共同制定了本次项目的小组合作公约。幼儿对大家一起讨论的合作公约表示赞同，并在公约上按上自己的手印。

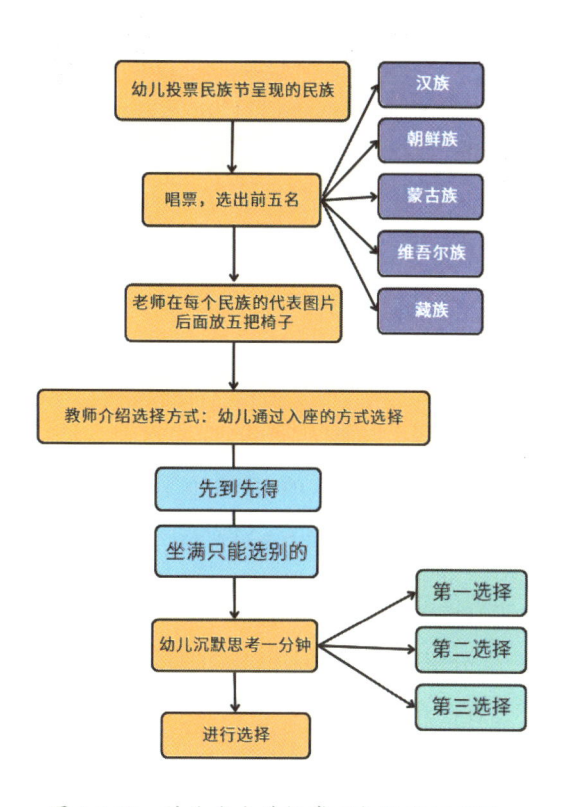

图 3.2.60 幼儿自主选择感兴趣民族流程图

图 3.2.61 民族节"蒙古族"小组成员第一次会议

图 3.2.62　制定小组合作公约

3. 阶段反思

在讨论跟"民族"相关的话题时，部分幼儿表现出很沉默或者困惑的样子，通过跟这部分幼儿一对一沟通，教师发现并非他们对项目参与不感兴趣，而是缺少对民族话题的基本认知。为了营造浸润式的项目开展氛围，教师通过在园材料投放、在外家园共育的方式增强幼儿可探究、能探究的可能性。这启示我们在项目推进的过程中不能只凭幼儿的外在表现对幼儿进行是否喜欢、是否感兴趣的主观判断，教师要建立关注项目中每个个体的儿童主体意识。

"分组"作为项目开展中的重要方式，其有效性到底如何也值得我们反思。分组时，教师发现日常活动中比较亲密的朋友大都会在一个组。尽管从社会性发展水平出发，我们鼓励大班幼儿能尝试和不同的人做朋友以学会沟通，但尊重幼儿的意愿才能尊重幼儿的探究自主权。那么，分组到底是按"人"分，还是按"任务"分，抑或是按"能力"分呢？分组的组织策略更重要，如让幼儿先尝试在不受他人"干扰"的情况单独进行选择，而不是集体同时进行。

（二）项目开展

1. 驱动问题

（1）为了顺利开展民族节，大家要做哪些准备？

（2）哪些东西可以在民族节上进行展示，让大家认识这个民族？

2. 过程描述

（1）邀请"专家"，学习活动组织经验

在此之前，幼儿没有过策划真实活动的经验，贸然让幼儿构思一场活动似乎并不可行。这个顾虑在我们问幼儿"为了成功举办民族节,我们需要做些什么"时得到了印证。"在幼儿园里举行民族节,我们要不要请个人来帮我们出出主意?"佳佳马上给出回应:"之前举行的民俗周活动是谁组织的,我们就去问他们!"我们派出志愿者邀请幼儿园有活动组织经验的教师到班级为大家答疑解惑。

【问题】我们什么时候能举办民族节呢?我们想快一点去做。

【回答】你们的民族节很适合在幼儿园民俗周期间开展,这样可以让更多的人来参加。不过,民俗周是开学第一周,所以你们这学期放假前要做好准备。

【问题】我们想请很多人来参加,在教室里不行的,幼儿园还有其他地方能举办民族节吗?

【回答】幼儿园有许多的专用活动教室,小剧场、生活馆、绘本馆也都很宽敞,科探室和心理沙盘室比较小,可能不适合组织活动。幼儿园还有空教室,不过可能要向园长妈妈申请。

【问题】我们能邀请家里所有人都来参加吗?

【回答】当然可以,但如果家里人没时间,我也建议你们邀请幼儿园的弟弟妹妹,让他们看到哥哥姐姐的本领。

(2)思维碰撞,确定民族节上展示的内容

每次当我们跟幼儿谈论民族的话题时,都会惊喜地发现他们对民族的认识已经加入了自己思考、分析和评价了。

"藏族人穿的衣服和我们穿的不一样。"

"不同的民族说的话好像不一样,我们分不清楚,但是他们一跳舞我就知道是哪个民族。"

"蒙古族住的房子像一个帐篷,但又跟我家里的帐篷不一样。"

"朝鲜族的食物有点甜、有点辣,而且放在一个个的小盘子里。"

教师将幼儿每次讨论的内容进行了梳理,确立了展示民族文化时可能会展示的内容:语言、服饰、建筑、音乐、舞蹈、运动、食物。

"你想在民族节上向其他人展示这个民族的什么东西呢?"同一个小组的成员想法五花八门。"难道要把我们知道的所有东西都展示给别人看吗?"晨晨说:"要找这个民族最不一样的东西,让人一下子就记住。"我们邀请了对民族文化感兴趣的家长志愿者进课堂,由家长志愿者带领小组成员一起商定自己小组要展示的民族相关内容。

156　做美好世界的教育——核心素养导向的幼儿园课程建设与实践

图 3.2.63　家长志愿者带领幼儿共创

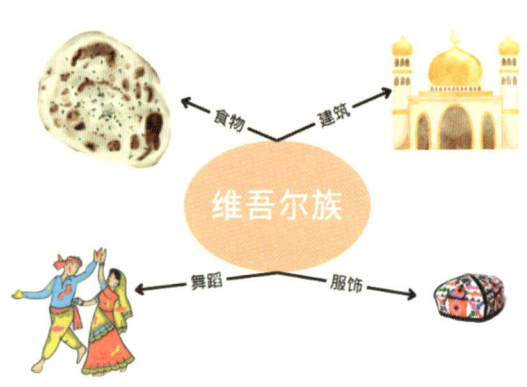

图 3.2.64　维吾尔族小组讨论结果

图 3.2.65　藏族小组讨论结果

图 3.2.66　汉族小组讨论结果

图 3.2.67　朝鲜族小组讨论结果

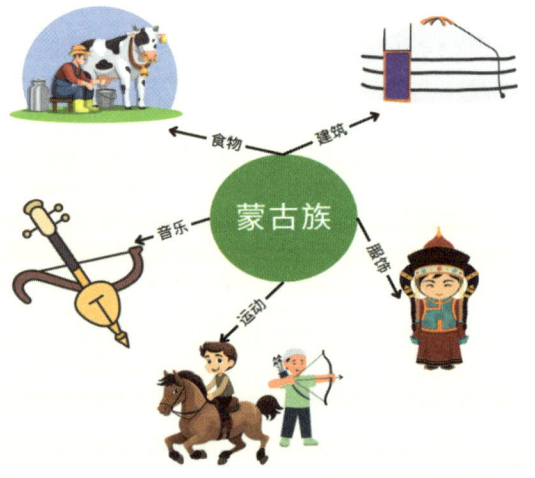

图 3.2.68　蒙古族小组讨论结果

(3) 分组实践探究，增强对民族文化的深入了解

"我没吃过蒙古的食物，我怎么告诉弟弟妹妹？"蒙古族小组的友友跑到我面前说道。尽管各个小组确定了感兴趣的展示内容，但这些内容不见得是组内所有人都熟悉的，我们跟家长志愿者沟通过情况后，决定让每个小组走出幼儿园，通过社会实践活动增强对民族文化的认识。

表 3.2.4　各小组社会实践活动一览表

藏族小组		组员一起拼搭布达拉宫模型
		参观青浦金泽工艺社

续　表

蒙古族小组		去蒙古包餐厅享用蒙古大餐
		爸爸进课堂，讲解蒙古包，组员一起搭建模型

续　表

蒙古族小组		参观上海博物馆嘉道理少数民族工艺馆，寻找蒙古文化
汉族小组		和组员一起包饺子
		参观博物馆

续　表

汉族小组		参观传统建筑
朝鲜族小组		跆拳道体验
		画三色扇
维吾尔族小组		去新疆餐厅品维吾尔族美食，看欢乐的歌舞表演

(4) 明确分工，合力完成民族节准备

确定场馆、购买活动材料、布置活动场馆、邀请弟弟妹妹……这些事谁来做？怎么做能最快完成呢？幼儿马上想到了"合作"。

"乐乐擅长画画，她可以做个邀请函。"

"我去找小雪老师，借绘本馆的地方。"

"那我去给中班弟弟妹妹发邀请函吧。"

"我喜欢数字，我来记录经费。"

每个幼儿根据自己的兴趣表达了在团队中可以承担的工作，经过讨论，我们有了这样的分工。

组长：场地沟通、活动汇报；

采购员：记录花了多少钱、买了什么；

设计师：制作邀请函、场地说明图和海报；

宣传员：给家长、老师、弟弟妹妹发送邀请函。

明确职责后，各个小组的组长、采购员、设计师和宣传员就开始了自己的工作。组长们跟着教师去各个场地的负责人处征询场地使用权；采购员们在教师的帮助下用图画和数字的方式记录，并用计算器学习初步的计算；设计师在教师的指导下明白了邀请函要表达清楚时间、地点和活动，并用自己喜欢的方式进行制作；宣传员穿着各类民族服饰去弟弟妹妹的班级发送邀请函。

图 3.2.69　组员讨论分工　　　　图 3.2.70　宣传员邀请园长妈妈

图 3.2.71　采购员向组员汇报采购情况　　　　图 3.2.72　设计师规划场地图

(5) 活动预演，反思调整民族节展示成果

为确保活动顺利，我们进行了一次彩排，并邀请了园长妈妈和客人教师给我们提建议。预演结束后，我们请园长妈妈和客人教师一起和幼儿进行了沟通讨论，发现问题并进行调整。比如：大家发现有些幼儿站姿不太好，不太像一个小主人的样子；有的幼儿看了自己现场的视频，发现自己介绍民族文化的时候声音很轻，还会忘记要说什么；还有幼儿发现有的民族物品大家都很喜欢，展示当天幼儿都想看的话可能就会很拥挤……针对大家发现的问题，我们及时进行了头脑风暴，一个个问题的解决让大家对自己的民族节充满了信心。

图 3.2.73　探究内容及时在环境中的可视化呈现

图 3.2.74　向幼儿园教师预演民族节内容

3. 阶段反思

相较于传统的集体教学活动，项目化学习中教师特别注重分组方法和策略，不同的分组可以给幼儿提供不同的合作对象和锻炼机会。比如，第一次分组主要依据的是幼儿兴趣，第二次分组主要依据的是幼儿的特长。无论哪种分组方式，我们都要尊重幼儿的意愿和声音，这样才能激发他们解决问题的能动性。

大社会就是活教材，当幼儿在探究过程中遇到困难时，仅仅局限于书本、视频是不能让他们体会到生活、社会和生命的美好的。社会实践活动为幼儿的项目探究提供了更加真实的探究场域，也许多年后，孩子们未必会记得这次探究过程中学到的知识和做的事情，但是探究的方式、合作的感受和反思的能力是童年成长过程中最大的财富。

（三）分享与反思

1. 驱动问题

如何让大家喜欢我们的民族文化？

2. 过程描述

（1）多彩民族节开幕了

民族节中什么样的活动能让大家了解这个民族呢？活动现场，幼儿沉浸在角色扮演中，对于一批批前来参加的体验者，他们都热情相待。尽管大家很累，但为了让每位体验者都能喜欢自己的展示，幼儿也都坚持到底。

图 3.2.75　民族节开幕现场导览图

表 3.2.5　维吾尔族场馆幼儿和家长志愿者分工

体验区	负责项目的大班幼儿	家长志愿者
丝绸之路的贸易盛况	分发货币，组织采买	维持秩序
舞蹈体验	分发手鼓和花帽，鼓励弟弟妹妹参与体验	舞蹈表演，烘托气氛
做馕	示范如何做馕：捏、揉、撒、压等动作	补充材料，维持秩序

图 3.2.76　维吾尔族小组现场活动

表 3.2.6　蒙古族场馆幼儿和家长志愿者分工

体验区	负责项目的大班幼儿	家长志愿者
挤牛奶	示范如何操作	维持秩序
射箭、骑马	示范如何操作，提醒有序排队	协助示范，维持秩序
艺术欣赏	介绍马蹄琴，跟随音乐抖肩（蒙古舞特色）	补充材料，维持秩序
建筑体验	介绍蒙古包	补充介绍

图 3.2.77　蒙古族小组现场活动

表 3.2.7　朝鲜族场馆幼儿和家长志愿者分工

体验区	负责项目的大班幼儿	家长志愿者
制作三色扇	示范如何操作，维护环境整洁	维持秩序，补充材料
打糕	示范如何操作，鼓励弟弟妹妹尝试，分发糕点	维持秩序
音乐欣赏	击打长鼓，吸引弟弟妹妹参与	维持秩序
服饰体验	介绍朝鲜族服饰	补充介绍，维持秩序

图 3.2.78　朝鲜族小组现场活动

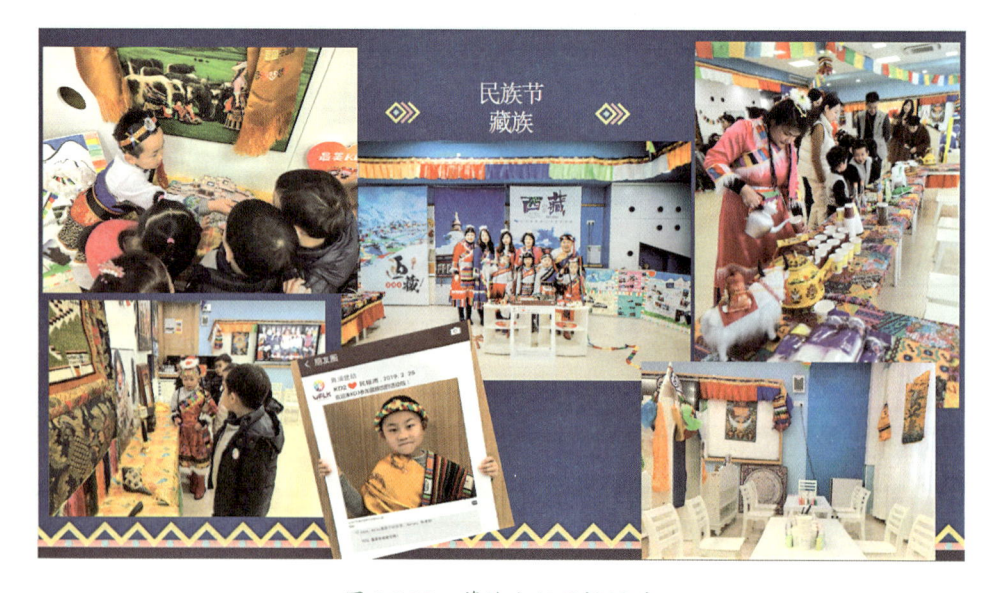

表 3.2.8　藏族场馆幼儿和家长志愿者分工

体验区	负责项目的大班幼儿	家长志愿者
唐卡体验	示范如何操作	维持秩序，补充材料
文化了解	介绍藏族相关文化	维持秩序
建筑赏析	介绍布达拉宫	补充介绍，维持秩序
美食体验	分发牛肉干、奶棒、茶水	维持秩序

图 3.2.79　藏族小组现场活动

表 3.2.9　汉族场馆幼儿和家长志愿者分工

体验区	负责项目的大班幼儿	家长志愿者
包饺子	提供材料，示范如何操作	维持秩序，补充材料
写福字	示范如何操作，送福字	维持秩序
建筑赏析	介绍传统建筑	补充介绍，维持秩序
抖空竹	示范玩法，分发空竹	维持秩序
音乐赏析	介绍乐器、曲目（主持人）	维持秩序

图 3.2.80　汉族小组现场活动

(2) 聆听参与反馈，回味民族节的力量

活动结束后，我们请幼儿带上多媒体设备，采访参与活动的幼儿、家长志愿者和弟弟妹妹，收集参与者对本次活动的反馈。

来自本班幼儿的反馈：

明明：弟弟妹妹不遵守规则的时候我很生气，说了不听怎么办呢？

浩浩：这个活动的时间有点久，站得很辛苦。

榕榕：我教弟弟妹妹学射箭了，他们跟我说谢谢。

来自班级家长志愿者的反馈：

乐宝妈妈：每个组的家长在合作中建立了革命友谊，不只是孩子们成长了，我们也获取了很多民族的信息，发现中华文化博大精深，自己也"玩"得很开心，能和孩子一起成长的感觉太棒了。

雪雪爸爸：能给到孩子成长的支持感到很荣幸，我看到每个孩子都有能力把事情做好，每个场馆也都很有趣，非常有意义。

来自弟弟妹妹的反馈：

丁丁：牦牛肉干特别好吃，我问姐姐是哪里买的，她说这是藏族的食物。

毛毛：我就是汉族人，我家里过年的时候妈妈也会包饺子。

兰兰：蒙古族最好玩，有挤牛奶、骑马和射箭。

倩倩：维吾尔族好热闹，那里的人又是唱歌又是跳舞。

不同的民族有不同的文化，幼儿在亲身组织的民族节活动中，借助各类活动的展示向参与者表达了自己对民族文化的理解。而五个民族的小组成员在交流分享中，也为其他小组成员感受民族文化的多样性提供了平台。文化背后承载了我们中国人相亲相爱的优良传统！

3. 阶段反思

在民族节展示的现场，我们再次感受到了每个幼儿的学习力。有些幼儿平时很安静、内向，但在活动中愿意尝试主动或积极地承担角色任务，而有些平时规则感不强的幼儿也能按约定坚守自己的岗位，积极与弟弟妹妹互动。与其说这是一种成长和变化，不如说是孩子向我们展示出自己的本真和潜力。身为哥哥姐姐和馆长的责任感推动着他们成为别人的榜样，父母的陪伴和鼓励让他们有了面对挑战的勇气，同时也离不开班级每个幼儿为了同一个目标的齐心协力。民族节成果展见证了每个人的美好与精彩。

四、项目反思

（一）项目化思维有助于提升幼儿的项目规划与执行能力

回顾整个项目，建立项目、拆解任务、制定合作公约、分组分工、计划实施，参与全程的每个幼儿都像一位"项目经理"，在教师、家长和同伴的协助下构思着项目每一步的开展与推进。如果我们在每次探究单元中都能创造项目式学习的机会，建立幼儿的项目化思维，那么幼儿解决问题的能力与规划执行的能力将潜移默化地得到巨大提升。

（二）共建学习社区有助于提高项目化学习设计与实施质量

项目的整体质量让大家都感到满意，主要原因是我们积极调动了学习社区资源。从国际情怀的角度，园所应创造在当地和全球社区中开展有意义文化交流和行动的各种机会。民族节不是仅靠幼儿的热情和好奇就能实现的，学习社区资源既打开了幼儿的探究视野，也为教师构思和设计项目提供了课程源泉。

五、总结性评价量规

评价维度	评价指标	D	Q	G	E
乐探究	在成人的帮助下能制定简单的任务清单和合作约定并执行。				
	小组合作中能积极出主意，想办法解决问题。				
有责任	通过探究五个不同的民族，了解不同民族的文化，接纳、尊重与自己的生活方式或习惯不同的人。				
	外出实践活动时，知道自己是小组中的一员，能在遇到困难时与同伴一起克服。				
	民族节展示活动中，能认真负责地完成自己所接受的任务。				
会表达	能用数字、图画、图表或符号记录和表达自己在小组合作中的愿望和想法。				
	能运用绘画、手工制作、音乐、舞蹈等形成表现自己观察到的跟民族有关的信息。				
	民族节展示活动中，能大胆、自信、清晰地向参观者介绍民族文化。				

评价等级说明

E=Excellent: 优秀，超出成功标准
G=Good: 良好，满足成功标准
Q=Qualified: 合格，接近成功标准
D=Developing: 需努力，远未达到成功标准

第三章　人与自然

"人与自然"维度下关乎世界运作和共享地球的探究,通过对自然及其与人类关系的探索,幼儿能更好地适应与创造。

表 3.3.1　"人与自然"维度下项目化学习故事概览表

人与自然			
世界运作 指向对自然规律和科学原理的探究。对自然现象的观察和自然规律的初步了解;科学原理与认识自然、科技进步的关系。		共享地球 指向对环境保护和资源共享的探究。探索自然环境、自然资源对人类生存的重要意义;生态系统的构成要素和生态平衡;理解与他人及其他生物分享有限资源时的权利与责任。	
项目化学习故事	概念	项目化学习故事	概念
无"锁"不能（大班）	发明创造	小小博览会,尽览植物美（中班）	需求与责任
雨中探究（中班）	自然现象与生活	不可或缺的水（小班）	资源与保护

世界运作

无"锁"不能

——丁晨煜

在"人与自然"维度之下"世界运作"共性主题探究中源起于幼儿"保护展品安全"的真实问题和需求，教师有意识地引入发明创造的概念生成了"无'锁'不能"这一项目化学习。在项目实施的计划与启动阶段，幼儿基于安保系统的探究和讨论，确定了项目的表现性任务——制作一把安全锁。在项目开展阶段，教师通过各种形式的探究活动拓展幼儿对科学原理的认知与理解，幼儿则以此为基础应用科学原理创造性地构建自己心目中的安全锁模型。在分享与反思阶段，教师创设生生互动的机会让幼儿不断反思安全锁的安全性进而批判性地完善自己的"产品"，这一过程也是幼儿建构概念、迁移经验的过程。

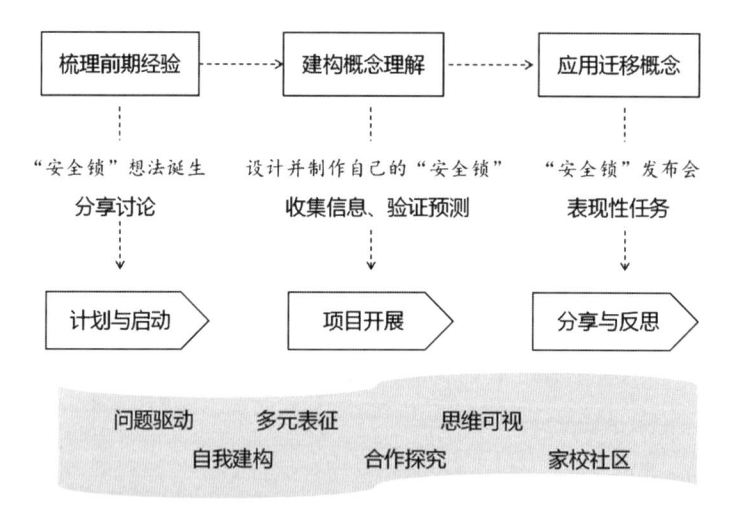

图 3.3.1 素养本位项目"无'锁'不能"实施模型图

一、项目背景

（一）项目来源

在前一个共性主题"我和时空"下，幼儿基于自己的旅行经历和主题探究经验将班级变成了一座博物馆。各个"展位"中，存放着幼儿喜欢的各式各样的展品——旅行纪念品、自己创作的艺术品、建构区搭建的建筑等。可是时间一长，"意外"也接二连三地出现了。

"我搭的建筑物倒塌了！"

"老师，我放在美工区的展品不见了！"

图 3.3.2 幼儿发现的问题

作为教师，我不禁想到"孩子们在生活中发现了问题，是好事，也是难事！何不以此为机会让孩子们自己想办法解决问题呢"。围绕大班共性主题"世界运作"中幼儿将要形成的概念性理解——人们利用了科学原理进行发明创造以改善生活，我顺势将问题抛回给幼儿："能不能自己想想办法保护展品呢？"大家就此展开头脑风暴，将来源于生活的问题回归到生活中寻求解决方法。

（二）项目价值

1. 关注生活，以好奇和兴趣培养问题解决的小能手

进入大班后幼儿的思维能力发展迅速，教师应敏锐地捕捉适合幼儿学习的契机，给予幼儿主动观察、探索的机会。真实生活中遇到困难和问题可以就此转换成幼儿发现问题、分析问题和解决问题的燃点。"如何保护自己的展品"这一驱动性问题激发着幼儿想办法解决问题的好奇心和求知欲。

2. 大胆畅想，用创造和想象造就美好童年的发明家

"发明"主题就一定得发明出一个"产品"来证明主题本身的价值吗？其实不然，我们所关注的是，幼儿在问题解决过程中有没有自己的创造力，有没有多元的表达力。项目开展的目的就是要引导幼儿面对问题时进行分析、判断和决策，逐渐培养独立思考的能

力，形成自己的见解和判断。哪怕最终的产品只是一份计划书、一个模型、一个暂时还不能运作的半成品，我们同样为这些小小发明家感到自豪。

二、项目概述

年龄段	大班	项目时长	6周
核心素养	会创造　乐表达　会反思		
发展领域	科学 语言	项目目标	尝试利用科学原理构造出保护展品的安全锁，体验发明家发明创造产品以解决生活中问题的乐趣。
本质问题	发明是如何产生的？	核心任务	设计一把保护展品的安全锁
任务群	• 确立保护展品行动方案 • 绘制安全锁平面设计图 • 建构立体安全锁模型 • 修正模型进行展示		

三、项目过程

（一）计划与启动

1. 驱动问题

如何保护展品的安全？

2. 过程描述

（1）头脑风暴，了解前期经验

在就展品被破坏的问题进行了班级层面的规则教育后，我们一起聊了聊"如何保护自己的展品"这个问题。教师作为倾听者和旁观者，引导幼儿开展了一次头脑风暴。

童童：我们教室里有摄像头，万一展品坏了我们可以去查监控！

图 3.3.3　幼儿头脑风暴

佳佳：可是我们要去园长妈妈办公室才可以看啊，园长妈妈那么忙我们一直去不好吧。

辰辰：那就把我们的东西锁起来。

小宇：那锁起来了别人怎么参观呀？

霓霓：要不我们放学的时候带回去，早上再带来。

辉辉：那像我的这种积木建筑很重的呀，带来带去不方便。

铉铉：那放高一点呢？让小朋友们摸不到。

小伟：不行不行，那我们自己要拿也够不到了呀。

（教师：你们说的这些方法都是好办法，但也有小朋友提出了不同的想法。最近我们在研究与发明、科技有关的东西，有没有能帮助到我们的呢？）

禾禾：我家里有摄像头，我可以带来学校。

佳佳：我家也有的，我家还有人脸识别呢。

小宇：我们家楼下有保安值勤的，坐电梯上楼要刷卡的。

辰辰：我们家的门也要输入密码的，这样陌生人就打不开门。

当幼儿将谈论的焦点聚集在摄像头、人脸识别、门卡、密码锁等相关物品上后，我们惊喜地发现幼儿对生活中的安保系统是有一定前期经验的。从班级的摄像头出发，幼儿萌发了在班级里创设自己的安保系统的兴趣。

（2）寻找生活中的安保系统

在头脑风暴的讨论中，我们发现，幼儿对安保系统的生活经验主要来源于自己的家

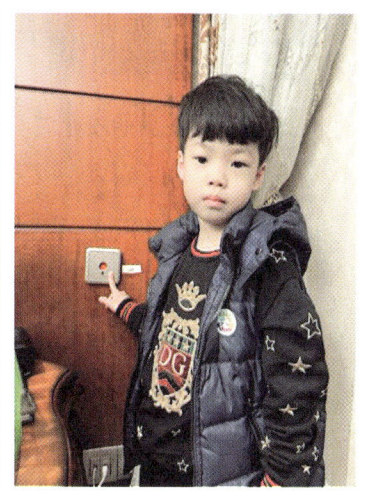

图 3.3.4　安保系统调查表

庭，且不同幼儿之间存在着较大的经验差异，因此，我们发起了"生活中有哪些安保系统"的搜寻行动，这次行动进一步打开了幼儿对安保系统的好奇心。幼儿拿着观察记录表，通过实地调查和访问交流后，他们惊奇地发现原来"安保系统无处不在"。幼儿一边分享交流自己的外出发现，教师一边梳理出思维导图。

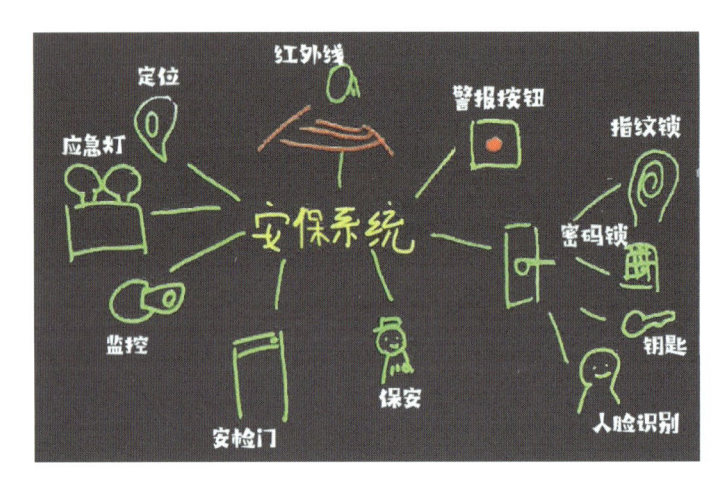

图 3.3.5 生活中安保系统的思维导图

图 3.3.6 幼儿对于生活中锁的应用的了解

第二次谈论安保系统的时候，幼儿的视野更广了，家里的红外线防盗、学校里的应急灯、手机的定位系统、公共厕所里的报警按钮成为了大家谈论的新话题。除了"是什么"的问题，幼儿也开始问现象背后的"为什么"，幼儿对发明的原理产生了兴趣。此外，我们也关注到最常被幼儿提起的、幼儿认为最适合在教室中研究的是"锁"。

有了第一次寻找生活中安保系统的经验，幼儿对于锁的调研就更有方向了。带着我们预设探讨的想要解决的问题，如"哪里有锁""锁是什么样子的""锁是怎么起到作用的"，幼儿达成了共识：生活中锁无处不在。它具有不同的样子，有的是机械锁，有的是密码锁，有的是指纹锁，甚至还有人脸识别的锁。它们还可以运用在不同地方，保护我们不同物品的安全。

（3）"安全锁"想法诞生

在探讨如何有效保护班级博物馆中的展品时，我们引入了"锁"这一发明作为核心工具。那么，如何用一把锁来保护展品的安全呢？幼儿的思考同样激烈且有意义。

言言：把我们的展品装在一个木箱子里，然后锁起来！

小泽：可是这样，其他参观的人就看不见我们的展品了呀。

（教师：展品可以放在一个容器里并且用锁锁起来，但要考虑到观赏时要方便，还有什么好的经验分享吗？）

溪溪：我在博物馆里看到很多展品都有透明的盒子罩着。那些盒子肯定被锁住了打不开，参观的人就摸不到展品了。

（教师：锁盒子的锁是什么样子的？）

小泽：有可能是一种碰到展示盒就会发出警报的锁。

言言：那我们就不要放在木箱子里，放在透明的带锁的盒子里，锁可以有不同的样子！

（教师：你们都同意吗？）

从简单确保展品的完整性和安全，到考虑不影响观众的参观体验，再进一步结合生活中的观展经验确定项目"产品"，幼儿对于目标和要求最终达成了一致：每个人都来做一个带锁的透明展示盒，这个盒子既能保护展品，也能让观众很方便地看到展品。对幼儿来说，这是最佳的展品保护方案。对教师来说，这是满足幼儿探索需求的最优方式。

3. 阶段反思

生活中处处都是教育的契机，教师需要重视和肯定幼儿提出的每一个问题和每一次发现。这并不意味着每一个幼儿提出的问题和每一次发现都必须要以集体的或者项目的方式来解决，而是需要结合主题推进的需要，分析项目实施对幼儿当下经验和素养发展的价值。

在本阶段的推进中，基于信任幼儿的教育观，教师为幼儿提供了两次集体头脑风暴的机会，支持幼儿在自主表达中呈现主题已有经验，同时也在幼儿讨论时给予启发性提问，对幼儿的观点进行梳理总结和经验提升。在幼儿天马行空式的讨论中，教师要始终把握住既定主题下的概念性理解和表现性任务的方向，才能适时地进行方向性的引导和干预，避免边界过广过宽的讨论脱离项目推进的轨道。

驱动性问题是引领项目开展的关键。从"如何保护展品的安全"一步步推进到"如何用一把锁保护展品的安全",由此生成的"生活中有哪些安保系统—什么样的安保系统适合保护我们的展品—生活中的锁是什么样子的—锁是怎么样发挥保护作用的—什么样的锁能满足保护和观赏展品的需要"问题链也让幼儿的探究有了方向。

(二)项目开展

1. 驱动问题

(1) 我的安全锁是什么样子的?

(2) 什么样的锁是安全的?

2. 过程描述

(1) 经验拓展,为自己的发明做储备

对幼儿来说,抽象的科学原理需要借助具象、趣味的体验和操作进行感知。围绕"锁"的制作这一关键性任务,教师分析并预设了一系列的实践体验活动。

如观察古代锁时,幼儿发现了滑轮和齿轮运作时的现象,杠杆原理可以用来制作插销锁;螺丝的螺旋原理则可以帮助打孔;通过实验,幼儿了解了不同材料的特性(导电性、沉浮性、硬度等),如何安全用电、连接电路,区分磁铁的正负极等。

图 3.3.7　感知科学原理的探究体验活动

(2)构思设计,从平面到立体的不同体验

我们始终相信,每个幼儿都是美好童年的发明家。我们鼓励幼儿先将自己的设计想法绘制下来,再尝试将平面的想法做成立体的模型。在一个个模型上,组装、剪切、拼贴,留下了"发明家"从理念到实践生产的痕迹,也为之后安全锁的制作打下基础。

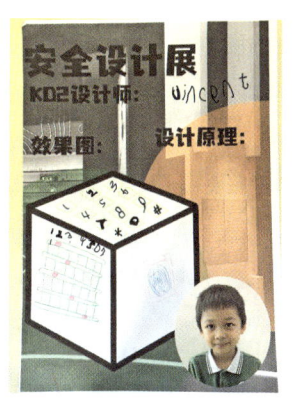

图 3.3.8　我的安全锁设计图

图 3.3.9　幼儿尝试将设计灵感变成立体模型

180 做美好世界的教育——核心素养导向的幼儿园课程建设与实践

【我们的发明小故事】

案例一

有的设计理念很有创意，但在实施时就发现了困难。在教师的引导下，幼儿自主进行了材料的更替，教师和幼儿一起合力打造了一把彰显儿童视角的安全锁。

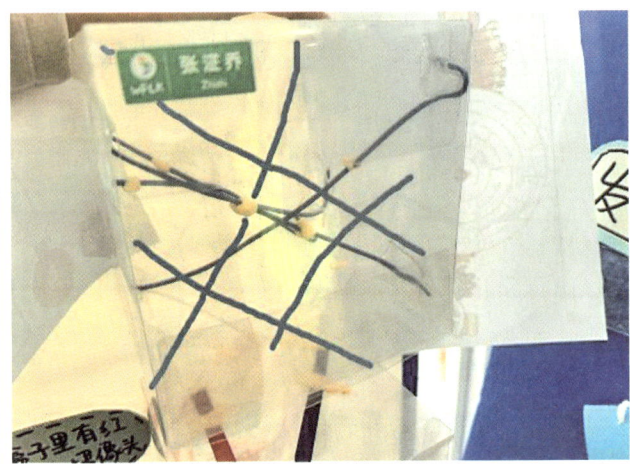

图 3.3.10　幼儿平面设计图以及立体建模

图 3.3.11　成品图

设计想法

只只：我想设计一个红外线的防盗锁，设计图里面的红线就代表红外线。我在每一根线上绑上铃铛，别人只要一打开我的盒子碰到红线就会发出警报。

立体建模

只只：做模型的时候我发现很难，因为红外线必须要乱一点、多一点，不然别人很容易就把手伸进去然后把东西偷走，所以我在盒子里上上下下、左左右右不同的地方粘了绳子。

产品改装

只只：小朋友说我这个锁没用，这个红外线太明显了，聪明的小偷仔细看看就知道怎么躲避了。而且我在书上看到，红外线是透明的，肉眼看不见的，所以我也想做成透明的。

教师：那你想想，我们教室或者家里有没有合适的材料呢？

只只：在教室里，老师用来在高处挂东西用到过一种线，我见过，是透明的。

教师：是有这样一种线，我们叫它鱼线。你可以试试看！

案例二

有的幼儿在设计之初没有明确的想法，但随着项目的推进和主题经验的积累，他们通过观察、理解、分析和选择不同的观点，明确了自己的设计灵感。教师给予幼儿充分的探索时间，幼儿给予教师无限的惊喜感触。

设计想法

豆豆：我在听老师介绍锁的历史发展时，觉得用铁链锁起来是个不错的方法，因为铁

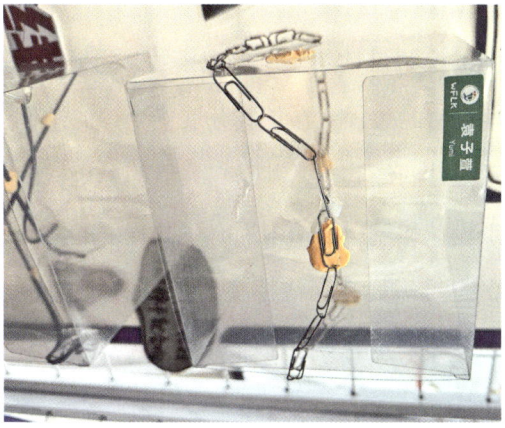

图 3.3.12　幼儿最初的平面设计图以及立体建模

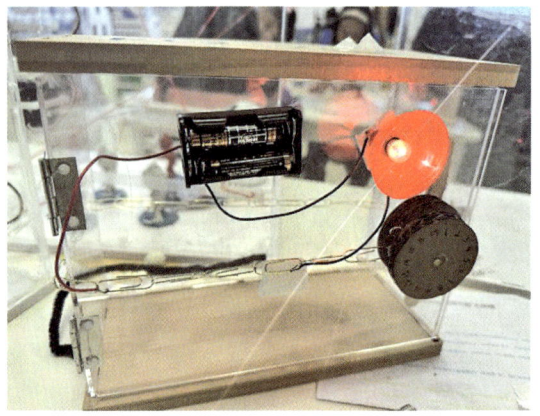

图 3.3.13　幼儿从设计到改装的过程

链很坚固，可以保护我的展品。

立体建模

豆豆：我找到了回形针，把好多（回形针）连在一起，就很像铁链了。但是我发现一个问题，盒子的边上（周围）很安全是打不开的，但可以从上面打开。

产品改装

豆豆：我总觉得我的铁链还不够安全，但又不知道如何改进。后来我就想到可以用滑轮带动铁链来制作一个密码锁，需要先答对密码然后通过特定的旋转方法才可以打开。再后来我想到回形针也是金属呀，应该可以导电。我到区角用导电的材料测试了一下，果然灯亮了！所以我就又改装了自己的锁，变成了一个一摸就会触电的锁。密码加上触电，更加安全，应该没有人敢碰了。我还给我的锁起了名字，叫作"一触即发"。

3. 阶段反思

从平面的绘制设计到立体模拟搭建，再到最终生产出自己的"安全锁"，这是一个预设和生成相结合的过程。在正式开展安全锁的制作前，教师预设的探究活动体验大大拓展了幼儿发明设计的经验，尤其是在大量简单机械的观察、摆弄和实验中，幼儿获得的操作经验在图纸设计和模型建构中均有不同程度的体现，这说明项目推进中预设探究活动是非常有必要的。这需要教师依据项目产品的标准和要求，有目的地拆解目标，在项目开展前、开展中以插入式的方式及时为幼儿认知经验、动手能力补充养分，以确保探究的持续和成果的质量。

此外，幼儿的创意和构思非一日之功，教师要带着不断完善的过程视角推进项目，这就要求教师必须格外关注幼儿个体在探究中的表现和问题，为幼儿提供个性化的教育支持以应对幼儿在项目中遇到的瓶颈和难题。譬如，针对每个幼儿不同的项目产品，教师提出驱动性问题的目的应该有所不同，有的问题是启发幼儿关注材料多样性的，有的问题是启发幼儿链接已有经验的，有的问题则是启发幼儿拓展新经验的。此外，对部分幼儿来说，更耐心的等待、情感上的鼓励、调动参与分享的自信同样是值得考虑的。

（三）分享与反思

1. 驱动问题

我的安全锁真的安全吗？

2. 过程描述

（1）一本本"安全书"，一个个"真问题"

随着一个个"安全锁"的"研发"完成，幼儿对自己和同伴的产品都深感振奋。在班

图 3.3.14　班级幼儿观摩交流

级的首次展示交流环节,幼儿看到了许多未曾预想的创新设计,并怀着强烈的求知欲向同伴探讨设计和操作细节。

设计想法的实现并非项目的终结,而是新一轮探究的开始。因为幼儿通过对比他人的产品,再从自己的产品出发,发现了新的问题。比如,部分锁具结构不够稳固,易受外力影响而解体;因管理不善导致钥匙遗失,有些锁具后续无法开锁;锁具的感应系统过于敏感,频繁发出误报。

"我的安全锁真的安全吗?"幼儿们热闹的交流分享、好奇操作的过程,也是反思、调整、优化产品的好契机。活动的讨论环节,幼儿的行为引发了教师的关注。

晨晨:你听我说,我觉得可以这样……

优优:不是不是,我觉得可以这样……

武武:你们一个一个说,我都记不住了!

(教师:说不定每个人的想法都很好,我们把问题和办法都记录下来吧!如果别人的问题你有解决办法,也欢迎你记录下你解决问题的办法。)

幼儿把自己遇到的问题记录在问题书的封面,有想法的幼儿可以随时在问题书上记录下自己的想法。问题书的主人通过翻阅问题书来寻找解决问题的好方法。有些问题,真的在幼儿的智慧集合中得到了解决。

一本本"问题书"出现了!

图 3.3.15　幼儿的问题书

【我的问题】

小卓：我的密码按键是敞开的，如果别人看到密码打开盒子怎么办？

图 3.3.16　交流中发现问题

【同伴的建议】

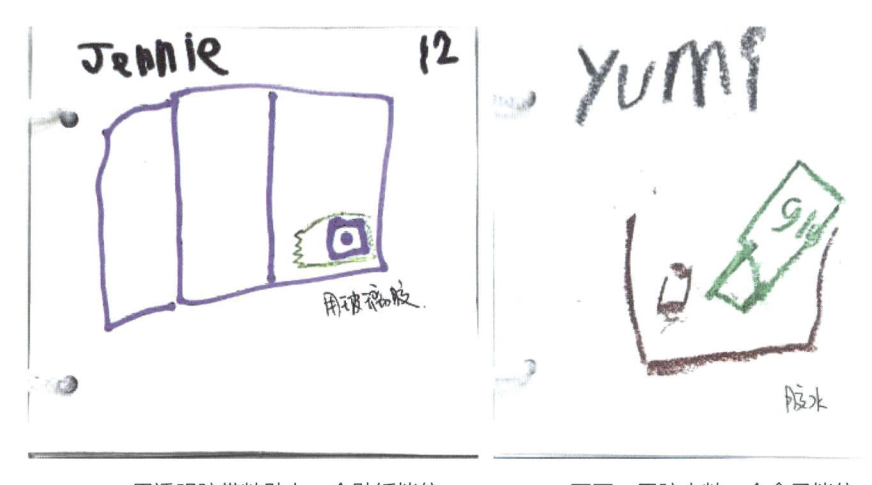

——：用透明胶带粘贴上一个贴纸挡住　　　豆豆：用胶水粘一个盒子挡住

图 3.3.17　同伴提出解决问题的办法

【我的反思】

我看了同伴的建议，想起生活中我们在按密码的时候，都有一个遮挡的盒子。所以，我也决定加一个盒子。我还给电线开了一个口，方便电线绕进来，从外面看更加好看一点。

改装前　　　　　　　　　　　　　　　　　　改装后

图 3.3.18　幼儿改装产品前后对比图

（2）一场期待已久的产品发布会

幼儿园一年一度的科技节开幕了，幼儿的安全锁产品发布会也在此时开幕。大家身穿不同的制服，脸上洋溢着自信和热情，向大家展示着自己六周"无'锁'不能"的学习成果。这不仅是对他们平日努力学习的肯定，更是对他们未来无限可能的期许。

小小宣讲员们将他们在项目探究中的点点滴滴娓娓道来。无论是对于科技原理的深入探究，还是对于实践操作的细致体验，他们为参观者解答疑惑，分享自己学习的快乐。还有更多的"小发明家"站在自己设计的安全锁旁边，自豪地向观众们介绍着他们的作品。这些安全锁不仅设计巧妙，而且实用性强，充分展现了孩子们的创新思维和动手能力。

因为一场安全锁产品发布会，秋日的幼儿园成为了一个充满创意与智慧的舞台。幼儿

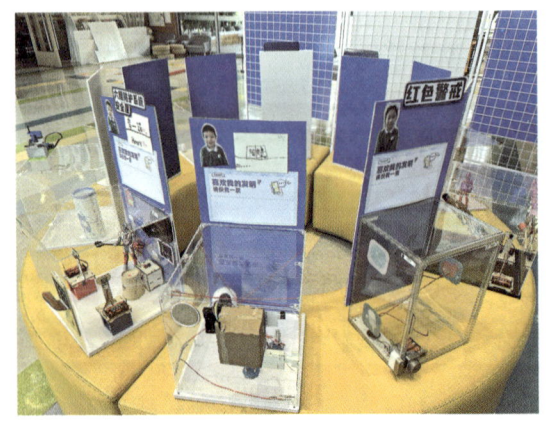

图 3.3.19 "安全锁"发布会现场

在这里展现了他们的才华和潜力，也为我们的生活带来了无尽的惊喜和感动。让我们共同期待这些小小发明家在未来的日子里，能够创造出更多的奇迹和辉煌！

3. 阶段反思

"发明"的过程并不是一帆风顺的，正如跟幼儿一起读爱迪生发明灯泡的故事时，他们虽然数不清爱迪生超过千次的失败到底是多少次，但依然觉得爱迪生很了不起一样，幼儿在项目推进中一次次发现问题、一次次讨论、一次次尝试的过程，何尝不像寻求真理、不放弃希望的科学家呢？比起直接告诉他们"对"或者"错"，引导他们自主思考、解决问题才是项目开展的真正意义。

问题书的出现，让我重新思考项目化推进中教学策略和教学工具的重要性，也看到了大班幼儿通过换一种方式进行同伴合作、互帮互助的宝贵品质。幼儿采用了一种更加高级，乃至更加有质量的方式进行学习与交流，在尊重彼此不同观点、倾听别人建议的基础上，逐步建立起信息筛选、分析、识别的信息素养能力。

当在成果发布会上，幼儿用自信、大方的形象向家长、幼儿园小朋友介绍自己产品的设计理念、发明过程和使用方法时，我再次坚定了"每个孩子都是天生探索家"的信念，而教师需要的是不断探索每一个鲜活、灵动的幼儿。

四、项目反思

（一）家长是项目开展的支持者，更要成为助力成果升级的合作者

在项目化学习中，家长还应成为"合作者"。在开展本次项目的过程中，我们清晰地感受到家长对于探究活动的重视程度和参与程度直接影响着孩子探究成果的质量，这不是教师将本应承担的工作转嫁给家长，而是家长作为孩子的首要教育者，对孩子的兴趣、特长、习惯和需求有着天然熟悉的优势，家园共育式的推进项目，更能为幼儿提供个性化的项目支持。同时，家长来自不同的职业背景和文化环境，可以为项目的开展提供丰富的资源和有力的保障。回顾本次项目，教师非常注重自身对幼儿反思的引导，但对家长作为评价主体的考虑还不够到位。当项目推进打破了幼儿园的围墙，幼儿在表现性任务中的评价理应也由家长提供反馈和评价，以协助教师了解更多幼儿在项目中的表现和成长，更为确切地找准项目优化的改进之处。

（二）个人是问题解决的主导者，但小组项目也能为幼儿发展提供新路径

本次项目强调幼儿个人在真实情境中问题解决的创造性和独特性，因此为了支持每个幼儿围绕表现性任务输出成果，教师从图纸设计、模型打造、问题汇总等多个任务中关注每个幼儿的问题解决过程，这无疑为幼儿个性化教育提供了机会，让一对一倾听的理念落实有了抓手。然而，回顾整个项目的开展，教师也不禁疑惑是否一定要人人发明一个安全锁，幼儿对发明主题的概念性理解是否一定只能以个人成果的形式进行呈现。围绕这类问题，我们也进行了思考，从培养大班幼儿团队精神和合作、沟通能力的角度出发，教师也可以尝试以团队的形式进行产品建构和成果展示，即项目推进过程中组织形式应更加灵活和多样，对大班幼儿而言要视情况创造机会，支持幼儿小组合作。例如，前期鼓励幼儿按兴趣分组，教师引导合作小组形成一份安全锁设计方案，举小组成员之力合作完成一件作品。成果展示环节中则进行分工协作，提升项目对幼儿社会性发展的价值属性。

五、总结性评价量规

评价维度	评 价 指 标	D	Q	G	E
会创造	在绘制安全锁图纸时，能根据需要画出图形，线条基本平滑。				
	能根据原理和设计稿，选择合适的工具和材料进行模型的创造。				
	在安全锁模型的搭建中，通过材料的使用体现几何空间的美。				
乐表达	能用数字、图画、图表或其他符号记录探究中的发现。				
	成果发布会上能语言生动地向观众介绍自己的安全锁。				
会反思	在动手动脑中，发现模型存在的问题，并尝试根据他人的建议进行修改。				
	通过观察、比较与分析不同的发明，寻找科学原理并运用原理发明自己的安全锁。				

评价等级说明

E=Excellent: 优秀，超出成功标准
G=Good: 良好，满足成功标准
Q=Qualified: 合格，接近成功标准
D=Developing: 需努力，远未达到成功标准

世界运作

雨中探究

——曾莹莹

在"人与自然"维度之下"世界运作"共性主题探究中基于幼儿的兴趣生成了"雨中探究"项目化学习。在项目实施的计划与启动阶段,基于偶然事件而引发的"下雨天可以做什么?"这一话题展开讨论,梳理幼儿关于下雨这一自然现象与生活的前期经验。在项目开展阶段,通过"下雨天好还是不好"的自由讨论和辩论,展现了幼儿关于自然现象与生活关系的理解;在有准备地盼雨、收集雨以及雨水实验过程中,幼儿通过观察记录以及预测与推断进一步建构相关理解。在分享与反思阶段,打造热带雨林的表现性任务让幼儿在行动中去迁移自然现象与生活关系的相关经验。

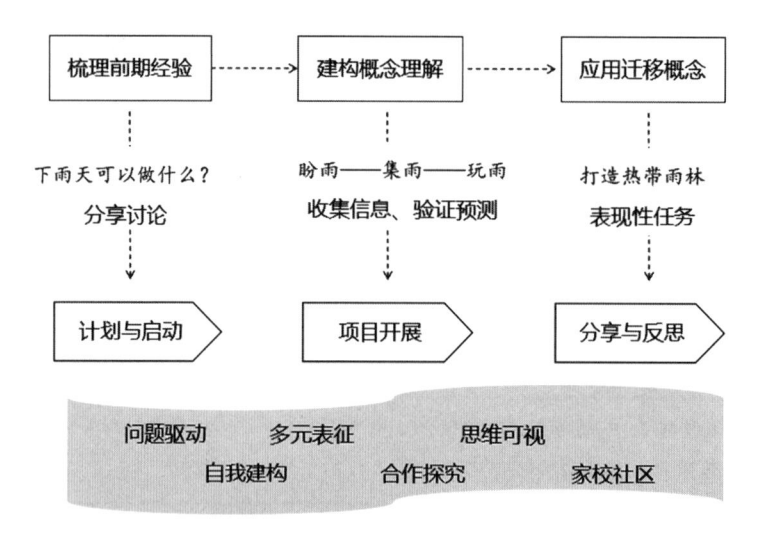

图 3.3.20 素养本位项目"雨中探究"实施模型图

一、项目背景

(一)项目来源

窗外淅淅沥沥下起了雨,午餐后,幼儿看着窗外,失望地说:"哎,今天下雨了,我们不能出去散步了……"

教师思索片刻提议道:"谁说下雨就一定不能出去?我们也可以去体验一下雨啊!大家可以自己选一种遮雨的物品保护自己,我们感受一下在雨中的感觉!"

"哇!""真的吗?"出乎意料的提议让幼儿沸腾了起来。

莱卡弹弹圈、雪糕筒……这些好玩的室内运动器材变成了"遮雨神器",幼儿冲出教室,在雨中奔跑、嬉戏,与大自然亲密接触,体验独特的雨天乐趣。

图 3.3.21　幼儿在雨中玩耍

教师对偶发事件的捕捉与转化,使得幼儿将因下雨而无法户外散步的失望转化为雨中漫步的兴奋,也激发了幼儿对"雨"这一自然现象的探究兴趣。

(二)项目价值

1. 转化偶发事件,加强幼儿和自然的连接

通过对一日生活中偶发事件"雨天能不能去散步"这一话题的转化,将"雨天"这一天然的资源作为幼儿充分感知雨的存在和变化的场域,无形中增强了幼儿和自然的连接。

2. 觉察保护幼儿的探究兴趣，创设有价值的学习机会

围绕幼儿对"雨"的探究兴趣点，如"下雨天好不好""什么时候还会下雨""雨水能喝吗"等，通过有准备的体验、辩论、预测、检验、合作等方式，支持幼儿对已有经验进行重组，挑战幼儿现有认知水平，形成幼儿对自然的理解。

二、项目概述

年龄段	中班	项目时长	4周
核心素养	乐表达　乐探究　会交往		
发展领域	科学 语言 社会	项目目标	探究雨的形式和特点以及与生活的联系。
本质问题	"雨"给我们带来了什么？	核心任务	深度体验雨的特征及其和生活的联系
任务群	● 感知雨 ● 收集雨 ● "雨"的辩论 ● 打造热带雨林		

三、项目过程

（一）计划与启动

1. 驱动问题

下雨天，我们可以做什么？

2. 过程描述

（1）雨中漫步引发的讨论

幼儿雨中漫步后的思考：下雨天，我们可以做什么？

Zoey：我想穿上漂亮的雨鞋踩水坑。

Eddie：我想穿上雨衣出去淋雨。

Lynn：我们可以到外面去接雨，把雨水收集起来。

Leon：不只是接雨，还可以去收集植物上的雨水。

Sean：可以收集多一些雨水，观察雨水是什么样子的。

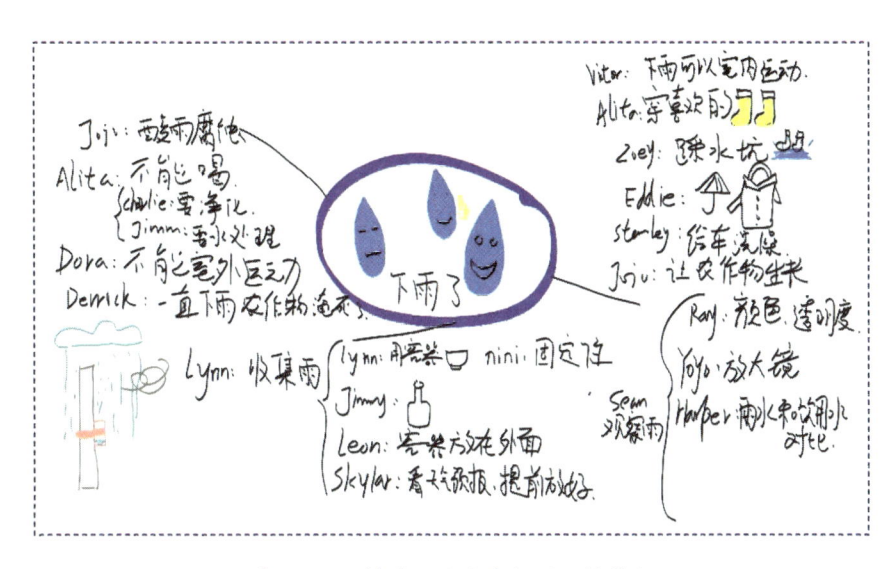

图 3.3.22　讨论下雨天我们可以做什么

(2) "雨"的再体验

基于幼儿的兴趣，突破天气的限制进行模拟雨天的情境，如模拟不同形式的雨的声音、倾盆大雨、纷落中雨、蒙蒙细雨、雷阵雨等；通过不同的方式丰富幼儿关于"雨"的经验，如让幼儿通过拍照、绘画、利用网络资源等方式收集专属于雨天的视觉景象，比如彩虹、闪电、雷鸣、乌云、雨后的植物等；在日常生活中，根据天气比较观察不同大小的雨势形成的水花等。

3. 阶段反思

通过幼儿户外玩雨散步的偶然体验，我深切感受到了他们对雨水的兴奋和喜爱。既然幼儿对玩雨意犹未尽，我们何不进一步开展一次深度的玩雨活动呢？

通过幼儿玩雨后的讨论，我意识到他们对于下雨的经验远超过自己之前的预期。他们不仅知道下雨时可以玩踩水坑、穿漂亮雨衣雨鞋等游戏，还能从深层次上理解雨水对生态和环境的重要性。这让我认识到，幼儿的观察力和理解力是如此敏锐和独特，作为教师，我需要引导幼儿更多地展开对雨的利弊、雨和生活的关系的深入探究。

（二）项目开展

1. 驱动问题

（1）下雨好还是不好？

（2）怎么预知雨的到来？

（3）如何收集雨呢？

2. 过程描述

（1）一次自发的讨论

在户外玩雨之后，幼儿回到教室还意犹未尽，三三两两地开始聊起雨来。

Skylar：下雨特别好，下雨就不需要洗车了，雨水可以给车洗澡。

Jojo：还有一种雨叫酸雨，它有腐蚀性，是有害的。

Derrick：雨水太多，一些农作物就会被淹死。

越来越多的幼儿加入了讨论，不一致的观点激发了他们强烈的表达欲望。何不来一场关于"下雨有利还是有害"的小辩论，让幼儿更充分地表达并听取他人的观点呢？

在大家的热烈响应下，幼儿人生第一次辩论便拉开了序幕。我们的第一次辩论赛，从了解辩论赛的规则开始，幼儿根据意愿选择了自己的"持方"，也做了充分的准备。

（2）一场"下雨好还是不好"的辩论赛

① 辩论赛的前期准备

鉴于这是幼儿首次参与辩论赛，多数孩子对辩论的构造和技巧所知甚少，缺乏实战经验。为了幼儿在即将到来的比赛中建立自信，并锻炼他们逻辑清晰、有条不紊地阐述观点的能力，我们一起做了以下准备。

了解辩论赛的规则：知道辩论赛分为正方与反方后，幼儿根据自己的观点进行站队，"下雨好"为正方，"下雨不好"为反方。分组后我们鼓励幼儿通过绘画的方式来表达他们对各自立场的理解和支持，通过图画表征来支持观点表述。

小组模拟辩论：在辩论赛开始之前，幼儿通过小组模拟辩论，尝试借助绘画作品完整连贯地相互表达观点，结合支持观点的证据，学会倾听，懂得轮流发言。在小组练习的过程中，教师既是支持者，也是观察者，还可以是参与者，给予幼儿个别化的指导。通过示范引导等方式让幼儿逐渐将对比、反问等方法应用到辩论过程中。

第三篇 聆听美好故事：追求核心素养的发展　195

表 3.3.2　幼儿为辩论赛做准备的记录

正方观点：下雨好	反方观点：下雨不好
 Bella：下雨树木可以长得很好，像热带雨林一样。	 Derrick：下雨太多，房子会被冲倒，树会被冲到河里。
 Betty：下雨可以用瓶子接水，收集雨水很有趣。	 Dora：一直下雨，雨下得太大，会淹没房子，房子里会进水。
 Leon：下雨我们可以踩水坑，热带雨林的植物很喜欢喝水。	 Morven：下雨时可能会有雷电，大树会倒下，人站在下面也很危险。下雨只能待在家里不能出门。

续 表

正方观点：下雨好	反方观点：下雨不好
Zoey：下雨了可以用雨水洗车，不需要使用水管。	Raynne：如果下酸雨，植物会被腐蚀。
Nini：很多植物喜欢下雨，比如热带雨林的植物。	Skylar：一直下雨，靠近池塘的房子会很危险，有小桥也会被淹没，人就不能出行了。

② 开启辩论赛

我们将幼儿在前期对自己观点进行的记录表及辩论赛规则以展板的形式进行展示，正反两方的小朋友依据辩论赛的规则连贯大方地表述自己的观点。

(3) 一次有准备的盼雨

①"天气预报准吗"引发的思考

教师：我们怎么预知雨的到来呢？

幼儿：我们可以查询天气预报。

教师：天气预报就真的准确吗？

幼儿：有一次天气预报说下雨，我带了雨伞，可是并没有下雨。

教师：除了天气预报，还有哪些方法可以帮助我们预测雨的到来？

幼儿：乌云很多的时候可能会下雨。

幼儿：风很大的时候可能会下雨。

……

图 3.3.23　制定玩雨日的现场

② 户外探究

我们通过观察天空的颜色、观测云、感受风来推测天气的变化。

图 3.3.24　观察天空推测天气的变化

③ 准备雨具

教师：玩雨中怎样避免自己淋湿？

幼儿：我们可以把家里的雨伞带来，穿上我们的雨鞋。

幼儿：我有一件恐龙雨衣，我想穿过来，这样我就不会淋湿了。

一番讨论后，幼儿开始期待把自己最心爱的雨衣带来。

图 3.3.25 家长为幼儿亲手绘制的雨衣

图 3.3.26 玩雨日

(4) 一次收集雨的行动

① 雨水收集方法与观察——制作集雨器

容器选择：选择各种合适的容器作为集雨器。

悬挂方式：将容器挂在绳子上，确保容器能够顺利接到雨水。

幼儿还观察到，除了集雨器，还可以在其他地方收集到雨水。树枝上可以积聚雨水。树叶表面也会积聚雨水。运动器材的表面也可以收集到雨水。

图 3.3.27　悬挂式集雨器

② 雨水收集过程

等待下雨：等待下雨天气，让集雨器开始收集雨水。

检查：雨后幼儿出发去检查自己的集雨器，查看是否成功收集到雨水。

③ 集雨器效果观察与问题诊断

收集成功：部分幼儿发现集雨器里成功集到了雨水，感到兴奋。

收集失败：有的幼儿发现集雨器里没有集到雨水，开始寻找原因。

原因分析：有的幼儿观察到容器的嘴巴太小，导致雨水无法顺利流入。有的幼儿发现集雨器被树叶或其他物体遮住，导致雨水无法进入。

通过制作集雨器并观察其效果，幼儿不仅学习了雨水收集的方法，还发现了影响收集效果的因素。

图 3.3.28　自然物上收集雨水

3. 阶段反思

这是中班的幼儿第一次体验辩论，幼儿在过程中需要有自己的立场，积极表达，认真倾听，并且遵守辩论的基本规则，这对他们来说充满了挑战。

绘画表征这一手段能有效辅助幼儿表达完整观点，但是辩论过程中未能及时询问幼儿听了对方的陈述后是否对自己的观点产生了变化。这样的追问本可以给他们一个重新反思的机会，也是鼓励他们敢于质疑、培养批判性思维的时机。对于下雨的好坏判断，幼儿的思考从自己喜欢做的事延展到雨对人们生活方方面面的影响。在辩论之后，我们也体会到，雨天是自然的一部分，我们无法选择它，但是要在不同的情境下学会接纳、适应和敬畏。

（三）分享与反思

1.驱动问题

（1）雨水可以喝吗？

（2）世界上常年下雨的地方会是什么样子呢？

2.过程描述

（1）关于"雨水可以喝吗"的实验

① 幼儿的思考

"雨水是不能喝的，有毒的！"

"雨水很干净，是可以喝的。"

"雨水里面一定有很多细菌。"

"雨水需要通过处理才可以饮用。"

② 我们的发现

观察：饮用水更透明、清澈，用干净容器收集到的雨水看上去也是很干净的，树枝、树叶下收集的雨水会有一些杂质。

通过测菌片检测：测菌片显示，在测试饮用水时测菌片并没有任何的变化，干净容器收集的雨水也没有变化。

过了几天之后，再次测试，发现收集雨水的测菌片的变化远远大于饮用水。

图 3.3.29　雨水的实验

(2) 打造热带雨林场景

前期幼儿对下雨经验的绘画表征中展现了他们对热带雨林环境的独特理解。他们似乎认为，经常下雨的气候，就像热带雨林一样，对环境有着积极的影响。在雨水实验接近尾声的时候，幼儿对热带雨林的兴趣更加浓厚。

① 我所知道的热带雨林

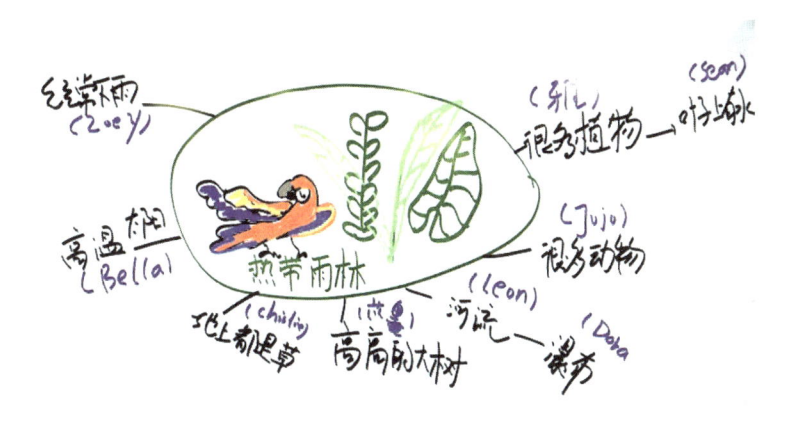

图 3.3.30　幼儿对热带雨林的前期经验梳理

Jimmy：我去过西双版纳，那里有热带雨林公园。那里的地面很潮湿，像被水冲洗过。道路比较陡、很滑，正常走路很困难。

Jojo：我去过海南的国家热带雨林公园，那里就像是动植物的秘密基地，那里有很多山，山顶和山脚下的温差很大。

Callie：我从绘本里知道热带雨林里有很多危险，有毒蛙、有鳄鱼，要很注意。我还知道为了去探险要好好保护视力，因为戴眼镜去探险就很麻烦。

Dora：热带雨林有高高的树，有大嘴鸟，还有大猩猩在荡秋千，那里正在下雨……

图 3.3.31　幼儿眼中的热带雨林（1）

Betty：热带雨林很漂亮，到处都是绿色的，还会有很多蝴蝶……

图 3.3.32　幼儿眼中的热带雨林（2）

Victor：那里雨后会有阳光和彩虹，树都是很粗壮的，雨水再多也冲不走它……

图 3.3.33　幼儿眼中的热带雨林（3）

既然大部分幼儿都去过热带雨林气候的地区，对热带雨林有所了解，而且非常喜欢那里的环境，把许多细节描述得生动有趣，并且享受在热带雨林中玩耍的乐趣，那我们为什么不将教室打造成热带雨林的环境呢？这样，幼儿可以更深入地体验雨给环境带来的影响。

② 连线身在海南热带雨林的同伴

图 3.3.34　与在热带雨林游玩的 Jojo 连线现场

我们在计划探究热带雨林地区雨对环境的影响时，恰巧得知有一个幼儿去了海南的热带雨林公园。于是，我们抓住这个难得的机会，与 Jojo 进行了连线视频。Jojo 为大家介绍了海南热带雨林公园中的发现和身临其境的感受。连线过程中幼儿发现雨林内的信号很差，正是这种方式，让每一位幼儿都能更加深入地了解热带雨林环境，增加相关的经验。这次连线活动，不仅让我们对热带雨林有了更多的了解，也为接下来我们班级打造热带雨林环境提供了一个很好的参考和启示。

③ 打造热带雨林环境

根据幼儿关于热带雨林的兴趣和经验，进行协商分工，打造热带雨林环境。

"雨林中的植物"组

任务：展现热带雨林中独特多样的植物景观。

分工：绘画小组负责绘制热带雨林植物，手工制作小组负责制作仿真植物或植物装饰物，找寻或购买小组负责找寻或购买绿色植物进行环境布置。

"雨林中的动物"组

任务：展现热带雨林中神奇多样的动物世界。

分工：绘画小组负责绘制热带雨林动物，手工制作小组负责制作动物模型或摆件，找寻或购买小组负责找寻或购买动物玩具或摆件用于环境布置。

家长与幼儿共同合作与布置

当各组都准备好自己的部分后，将共同进行整个活动环境的布置，将热带雨林中的植物、动物和其他元素融为一体，打造一个逼真且充满创意的热带雨林场景。

图 3.3.35　家长参与布置

图 3.3.36 热带雨林环境的打造

四、项目反思

（一）不可控因素带来的影响

在短短的四周时间里，对雨进行深入的探究确实是一个很有挑战性的任务，因为天气预报不一定准确，天气更是无法控制的。在玩雨日的时候，我们发现实际的降雨量并没有达到预期。在玩雨的时候，稀疏的毛毛雨也没有如我们所愿持续加大。于是我们只能借助学校其他工作人员的协助，利用大喷洒的水龙头来模拟一场人工大雨。虽然场地大小有所限制，但这场人工大雨却成功地点燃了幼儿的兴奋点，让他们更加投入地参与到了雨的探究活动中。

由于疫情的原因，热带雨林的最终展示阶段没有很好地进行下去，过程中也缺少了与同年级班级的互动或学习社区的参与。

（二）预设和生成的动态平衡

关于雨的探究，从自然情境切入，幼儿从感知雨，到收集雨，再到雨水实验、一场关于"下雨天好还是不好"的辩论，到最后热带雨林打造，这是一次漫长的历程，也是一系列基于情境的行动，在这个过程背后是教师的充分预设。教师不断进行反思，尊重项目生成性的展现，在预设的目标之下，顺应幼儿的探究兴趣，鼓励幼儿间互助合作，创设能展现幼儿科学和语言等领域核心经验的场景，如雨水实验和辩论赛等。

五、总结性评价量规

评价维度	评价指标	D	Q	G	E
乐表达	能使用简单的句子和词汇表达观察到的雨的现象和探究发现，能集中注意力倾听他人的发现。				
	能够根据已知的关于天气的事实或者例子支持自己的观点。				
	愿意用图画和符号表达自己的想法。				
	敢在众人面前大胆自信地表达。				
乐探究	对探索下雨及其对周围环境的影响保持持续的兴趣和好奇心。				
	能辨识并描述下雨前的多种天空变化，如云层厚度、颜色变化等，以及这些变化和下雨的相关性。				

续　表

评价维度	评价指标	D	Q	G	E
乐探究	能分析下雨时人们活动变化的原因及其对周围环境的影响，如雨水如何影响人们的出行计划和户外活动等。				
	能主动探索雨水，尝试收集和分析雨水。				
会交往	愿意主动与同伴合作，并在合作中展现出积极、友好的态度。				

评价等级说明

E=Excellent: 优秀，超出成功标准
G=Good: 良好，满足成功标准
Q=Qualified: 合格，接近成功标准
D=Developing: 需努力，远未达到成功标准

共享地球

小小博览会，尽览植物美

——何诗雨

在"人与自然"维度之下"共享地球"共性主题探究中基于幼儿的兴趣形成了"小小博览会，尽览植物美"项目化学习。在项目实施的计划与启动阶段，幼儿在对植物的观察和照护的侦探行动中展现出对植物生长需求的前期经验。在项目开展阶段，在"植物为我们提供了什么？"的问题驱动下，幼儿通过收集信息和动手操作等方式探究植物的不同结构与人们生活的关系。在分享与反思阶段，幼儿通过在植物博览会上分享前期探究过程与成果展现了对植物的需求与用途以及人们应该承担照顾植物责任的理解。

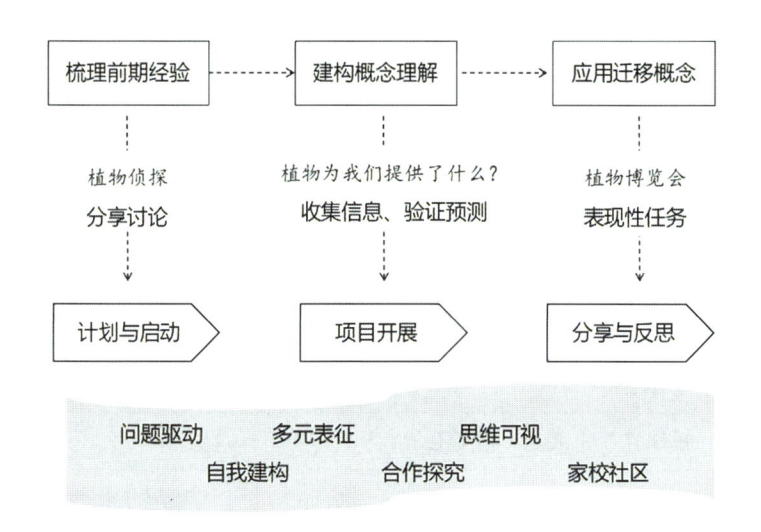

图 3.3.37 素养本位项目"小小博览会，尽览植物美"实施模型图

一、项目背景

（一）项目来源

每逢春季学期伊始，在屋顶花园我们总会看到幼儿播撒绿色的种子、照料植物的身影。在"植物"这一主题的探究中，这里更成了一个探究植物构造与生长的天然基地。教

室里的植物角更是幼儿进行植物构造和生长探究的实验室。此外，生活中能吃的植物、好看的植物、能用的植物无一不激发幼儿对植物探究的兴趣。如何将在植物探究过程中的发现和成果与更多的学习社区成员进行交流与分享呢？一场小小植物博览会应运而生。

（二）项目价值

1. 拓展学习空间，打造轻松的探究氛围

小小植物博览会，既是一次探究成果的展示，也是一次探究实践的场景。幼儿可以将他们在植物构造、功能以及植物照顾等方面的探究成果以博览会的形式展现出来，在轻松开放的环境中，幼儿以更加自由开放的状态进一步建构自身对植物是人类重要资源的理解。

2. 调动社区资源，建构学习共同体

在项目开展的不同阶段，我们邀请不同学习社区成员和幼儿交流互动，彼此启发，信息共享。为了拓展幼儿关于植物种植的经验，我们邀请了幼儿园绿化工人叔叔来和幼儿互动，分享养护植物的小妙招。在小小植物博览会，有大班的哥哥姐姐来聆听我们的植物探究故事，有小班的弟弟妹妹来一起感受植物的有趣和有用，还有爸爸妈妈的参与。

二、项目概述

年龄段	中班	项目时长	8周
核心素养	乐探究　乐表达　有责任		
发展领域	科学 艺术	项目目标	理解植物构造功能以及人类对植物的依赖，能采取保护植物的行动。
本质问题	植物对人类具有怎样的价值，同时人类又应当怎样承担起对植物的责任？	核心任务	举办一场小小植物博览会
任务群	• 植物大侦探 • 植物手工坊 • 小小植物博物会		

三、项目过程

（一）计划与启动

1. 驱动问题

（1）植物角的植物为什么死了？

（2）我们应该如何照顾植物？

2. 过程描述

中班的植物主题探究活动拉开了帷幕。在教师的协助下，幼儿在走廊上精心开辟了一个充满生机的植物角。他们热切地从家中带来了各式各样的植物，每天都像小小的园丁一样，为植物浇水，并用心记录着它们的生长变化。然而，没过多久，植物角有好几盆植物的叶片居然慢慢变黄、枯萎了！还有几盆香料植物看起来已经蔫蔫的了，似乎已经奄奄一息。他们不安地问教师："老师，我带来的植物是要死掉了吗？我们哪里做得不好吗？"

图 3.3.38　植物角观察记录

于是，班里开始了一场讨论：植物为什么会枯萎？我们哪里照顾得不够好？幼儿展开了猜想和讨论。有一位幼儿说："是不是因为我们没有及时浇水呢？"但另一位幼儿反驳道："我们其实都有浇水的。但有的植物明明已经浇过水了，过了一会儿又有人去浇水了！"有的幼儿举手说："我上次看到有小虫子在咬叶片！植物枯萎了，是不是因为那些小虫子呢？"还有幼儿猜想说："是不是有坏人在下课后过来破坏我们的植物呢？"

孩子的猜测，有的是他们看到的，有的是他们想象的。有了很多的猜想后，我们开始想办法收集资料，验证猜想。在教师的协助下，大家使用电脑检索，又去图书馆找了很多和植物有关的书，发现了很多的可能性。经过了又一次的讨论，幼儿慢慢得出了一个共同结论：最大的问题可能是走廊背阴，而幼儿从家里带来的很多植物都是喜阳植物！没有阳光，植物自然慢慢就枯萎了。

发现了问题，幼儿开始思考："我们如何能更好地照顾植物呢？"幼儿又开始了一场激烈的讨论。最终，我们的"植物复活计划"新鲜出炉。幼儿比较一致地认为，为了更好地照顾好我们的植物，需要做到为植物浇水、给植物晒太阳、给泥土施肥！但在讨论的过程中，幼儿又提出了更多的问题："为什么不给植物浇水，植物就会死掉？""为什么虫子要咬叶子？""为什么土豆的须那么长？"

图 3.3.39 "植物复活计划"行动

为了回答这些问题，幼儿对于植物的探究一下子来了兴趣。教师也没有急于给出答案，而是开始和幼儿一起做起了各种与植物相关的有趣实验。根的向水性实验、植物生长条件实验、种子生根发芽的记录，教室变得更有趣，植物变得更生动，幼儿也更在意植物这种一直出现在身边但并不常常给予关注的东西了！

图 3.3.40　植物小实验

3. 阶段反思

幼儿的兴趣在真实的情境和活动中自然地产生了：他们想搞清楚自己带来的植物为什么会枯萎。这样产生的探究兴趣是最原始而强大的。教师如何善加引导呢？不是简单粗暴地给出标准答案，而是和幼儿一起思考、讨论，引发幼儿的猜测并进一步验证。验证的方法，除了寻求科技检索工具和图书，还有更直观的方式，比如做实验，而植物主题又格外适合做实验这一科学方法。一个好的驱动问题，不一定是教师提出来的。幼儿的观察和兴趣，会让他们成为优秀的提问者！

（二）项目开展

1. 驱动问题

（1）如何保存植物？

（2）植物可以为人们提供什么资源？

2. 过程描述

每次去操场玩的时候，幼儿都会三三两两地聚在一起，蹲在地上交头接耳。教师过去问："你们在干什么呀？"幼儿兴奋地摊开自己的小手给教师看："老师你看，花瓣！它好漂亮哦！"是呀，操场边不同的树，盛开着缤纷的花。风一吹过，花瓣在风中翩翩起舞，在孩子的眼里、手上和心中，一定格外美吧！幼儿说道："这个花瓣好漂亮啊，我要把它带回家！"而另一个小伙伴回答她："花瓣带回家也没用啊！很快它就蔫掉了。"哎，孩子叹了口气，无奈地把花瓣抛向空中。是呀，花瓣再美，留不住的话，又有什么用呢？

"可是，真的留不住吗？"这时，更多的幼儿聚拢过来，一起摆弄起了地上的花瓣。有个幼儿答道："老师，我家里就有一个书签，里面夹着一朵粉色的花，看起来就像真的一样！"有幼儿惊叹道："哇！那个书签好厉害呀，可以把花朵都夹在里面！"也有幼儿质疑道："你那个花根本就是假的吧！花都会'死'的呀？"教师听明白了，笑着和大家说："你说的那种书签我也见过，而且我们也能做！你们想试试吗？""想！"幼儿异口同声兴奋地答道。

很快，制作干花书签的工具准备到位。幼儿拿着托盘兴奋地在校园的每个角落收集他们最喜欢的花瓣、叶片。回到教室，我们开始根据制作说明压制干花。在把漂亮的花瓣、树叶精心地放进一层层的压花器后，我们将它们用绑带捆好。又经过几天的耐心等待，幼儿迫不及待地打开压花器，发现花瓣真的变成干干的了！之后，幼儿再把压干的花瓣、叶片根据自己喜欢的样子放进书签中间，轻轻地盖上塑料薄膜，一片漂亮的干花书签就做成了！

图 3.3.41　制作干花书签

孩子们太开心了，他们发现，花瓣不仅能保存下来，还能做成漂亮的书签让大家使用！植物，让人怎能不爱呢？

与此同时，年级组其他班级的幼儿也在进行着关于植物的探究，他们也在这个过程中发现了植物的种种妙用。中二班的幼儿拿起放大镜，仔细观察着每一片叶子的形状、纹理和颜色。他们发现每一片叶子都独一无二。幼儿也思考着如何保留这些美丽的叶子。于是，他们开始尝试制作滴胶风铃。中三班的幼儿深入探索了蔬菜肚子里的秘密。当他们切开各种蔬菜时，惊奇地发现它们内部蕴含了丰富的汁水，散发出诱人的香气。为了留住这份美好的香味，幼儿提议一起制作香水。中五班的幼儿则对植物的色彩产生了浓厚的兴趣。他们发现植物中的颜色可以通过拓印等方式留在帆布上，进行各种有趣的创作。于是，各种不同但精美的拓印帆布袋出现在了他们的教室里。

虽然每个班的幼儿在植物主题下的探究都有不同的方向和收获，但他们都有一个共同的奇妙发现：植物实在是太神奇了！它们，真好玩，真有用啊！

图 3.3.42　制作植物衍生品

3. 阶段反思

植物可以为人类提供丰富且多样的资源。对于幼儿来说，很多关于植物妙用的奇思妙想都是在探究植物的过程中、进行实验时以及在生活中不经意发现的。教师当然可以为幼儿提前预设很多的内容，但更多真实的灵感和创意有待幼儿自己去发掘、去生成。教师的作用是提供尽可能多的机会，创设尽可能丰富的学习空间让幼儿去与植物互动，产生思考，再付诸行动。

（三）分享与反思

1. 驱动问题

（1）植物做出来的东西越来越多，怎么办？

（2）如何办一场所有人都觉得有趣的屋顶花园植物博览会？

2. 过程描述

幼儿对于制作干花书签持续保持着兴趣，每天都有孩子继续制作书签。但幼儿很快发现，其实我们根本不需要那么多的书签！书签越做越多，每个幼儿都有好几个书签了。看着教室里越来越多无处安放的书签，教师也开始发愁。于是教师和幼儿讨论道："书签已经很多了，我们根本不需要更多的书签了。这些多出来的书签怎么办呢？"有幼儿回答道："我们可以送给别的小朋友呀！这个书签这么漂亮，应该会有人喜欢的吧？"把植物做成的东西分享给更多人，确实是个好主意呀！还有幼儿补充道："我们了解了很多植物的知识，也可以教给弟弟妹妹们呀！"

在年级组会议的时候，各个班级的教师一碰头才发现每个班级都有类似的情况。大家都有很多植物做成的有趣物品，为什么不分享给更多人呢？于是，一个属于全年级的屋顶花园植物博览会的想法就诞生了。幼儿的奇思妙想再次发挥了作用：有的幼儿说，植物博览会要介绍我们植物探究的过程，把植物的神奇之处介绍给大家；有的幼儿说，博览会要可以吃好吃的东西，因为很多植物很好吃；有的幼儿说，最好还可以摘水果、给小动物喂菜叶，就像他们去过的亲子农场一样；有的幼儿说，一定还要有像市集一样的摊位，把我们做的东西分享给其他人！

在经过几周时间的准备后，我们的植物博览会在屋顶花园盛大开幕了。如果那天你也来到了现场，在博览会不同的区域间游走，你一定也可以感受到幼儿准备的满满惊喜。在体验区，你可以在幼儿的指引下亲自采摘树叶或蔬菜、体验拓印的创意过程，感受大自然的奇妙；还可以体验亲手捣碎香料，制作香气四溢的香囊，让春天的芬芳伴随左右。步入售卖区，你会看到一片繁忙而欢乐的景象，幼儿热情地推销着他们亲手制作的蔬果发夹、干花书签等精美物品。

图 3.3.43　植物博览会中忙碌的幼儿

在饲养区，幼儿可以去屋顶花园亲手摘下新鲜的菜叶喂可爱的小兔子。当你在春日市集中流连忘返之际，不妨来到阅读区稍作休息。在这里，你可以品尝着薯条、喝着清凉的薄荷水，聆听幼儿呈现的一段精彩的《好饿的毛毛虫》故事。最后，别忘了前往观赏区，欣赏屋顶花园盛开的向日葵，以及熟透的小番茄、豆角等丰硕果实。此外，孩子们还为其他年级的小朋友进行了生动的植物讲解，并赠送小种子供他们带回家种植，让植物带给大家的欢乐与希望走出校园，延续到每一个家庭。

图 3.3.44　植物博览会活动现场

3. 阶段反思

植物对人类的美好供给，经过幼儿这一场小小的植物博览会直观地呈现给了每一位参与者。通过这样的一场博览会活动，幼儿很快地解决了"植物做出来的东西越来越多，怎么办？"这个问题，并且通过创造直接体验式的环境和丰富的活动，让不同年龄的参与者都得到了乐趣，并且享受了植物带来的快乐和美好。活动现场体验与互动对每个人的意义，是课本知识无法传递的。

四、项目反思

从班级探究到年级协作，项目化学习让我们突破班级围墙，共享学习成果。在对植物进行项目化探究的过程中，不同班级基于幼儿的经验和兴趣，对植物的不同构造和功能进行深入的探究，如有的班级重点探究的是植物的叶子，有的班级重点探究的是植物的色彩，等等。这些不同的探究经验和成果在小小植物博览会的计划准备阶段，就已经开始在班级间进行分享，在小小博览会开展日更是有了不一样的交流分享。通过合作与学习，进一步加深幼儿对植物作为人类重要资源的理解，以及我们应当对保护植物承担怎样的责任。

五、总结性评价量规

评价维度	评价指标	D	Q	G	E
乐探究	会观察、记录植物的特征与生长过程。				
	能根据对植物的观察结果提出问题，并能大胆猜测与动手验证答案。				
	会使用非标准性方法测量、比较植物的特征与生长过程。				
	会选择和使用恰当的工具进行植物探究。				
乐表达	能使用恰当的词汇，用简单句描述植物的特征和生长条件。				
	能根据不同对象分主次分享植物探究的过程与成果。				
	能认真听取他人建议。				
	当别人的想法和自己不一样时，能倾听和接受别人的意见，不能接受时会说明理由。				
有责任	能根据植物的特性采取保护和照料植物的行动。				

评价等级说明

E=Excellent: 优秀，超出成功标准
G=Good: 良好，满足成功标准
Q=Qualified: 合格，接近成功标准
D=Developing: 需努力，远未达到成功标准

共享地球

不可或缺的水

——诸小敏

在"人与自然"维度之下"共享地球"共性主题探究中基于幼儿的兴趣形成了"不可或缺的水"项目化学习。在项目实施的计划与启动阶段,幼儿在停水日的体验中分享观点,调整行为,展现他们对水资源重要性的理解。在项目开展阶段,幼儿通过"一桶水"的实验在收集和使用一桶水的真实参与中建构水资源与人类生存的关系的理解。在分享与反思阶段,节水海报宣传和张贴节水标志的表现性任务彰显了幼儿对水资源重要性的认知以及对水资源保护的行动。

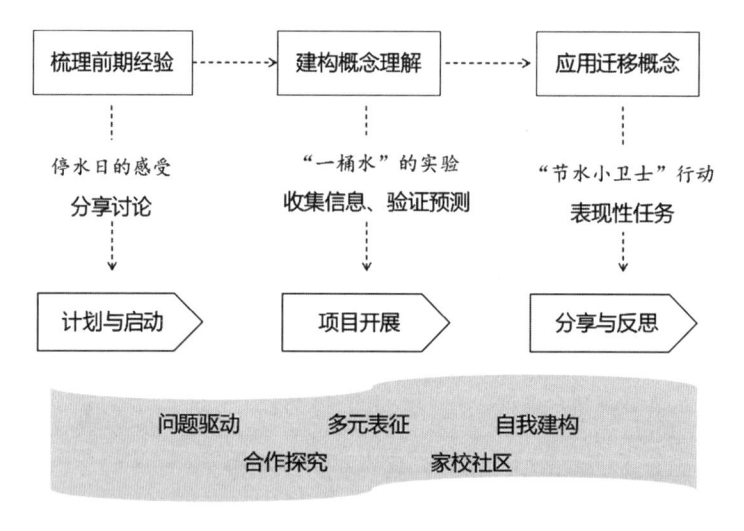

图 3.3.45 素养本位项目"不可或缺的水"实施模型图

一、项目背景

(一)项目来源

在我们的生活中,水无处不在,对幼儿而言,水更是他们最喜欢的玩耍材料之一。幼儿对水有着充分的感受,也有更多的好奇,追随他们的兴趣,在小班第二学期"共享地球"探究单元,我们开展了一次关于"水"的探究活动。我们从"好玩的水"这一幼儿感兴趣的角度切入,和幼儿共同聊一聊他们和水开展过的游戏。我们在班级里提供了各种和水有关的游戏活动,如水的声音、好玩的冰块、有趣的加湿器、泡泡画、玩水墙……借助多样有趣的活动形式,跟随幼儿产生的问题,进一步有目的地引导幼儿深入观察和认识水的形态、变化和功能等概念,和幼儿一同探寻水的奥秘。

(二)项目价值

1. 真实情境中的真实体验

从玩水到节水,幼儿的体验与探究都来自真实情境中的需求,幼儿的行为与成果也展现出生活习惯中的真实改变。该项目因为真实而更加具有教育的价值与意义。

参与了停水、集水、用水一系列有关水的体验和节水行动后,幼儿日常的用水行为产生了非常明显的变化。这些变化让我们看到幼儿关于水资源对生活的影响产生了真实的理解,并发展出负责任的品格。

2. 持续与多维:一日生活皆课程

在"水的奥秘"这一探究单元的开展过程中,幼儿每天都要使用很多的水。当教师提及"我们要节约用水时",许多幼儿并不理解,他们说:"水没有了还可以再去接呀!为什么要节约用水呢?"幼儿的问题引发了教师的思考:幼儿生活在一个丰衣足食的环境,他们没有遇到过缺水的情况,并不知道没有水的生活会是什么样的。对于幼儿而言,只要打开水龙头,洁净的水就会源源不断地出现,无穷无尽,自然无法建立保护水资源、节约用水的意识。在一系列认识水的探究活动背后,节约用水这一良好品质的培养显得更为重要。在幼儿的心中埋下身为小小公民要肩负保护水资源这一责任的小小种子,才是本次探究活动真正意义和价值所在!基于对幼儿行为及其背后原因的深入思考,我们精心策划了此次有关"节水"的项目化学习活动,致力于通过优化体验、乐享学习、真实行动,为幼儿提供丰富多元的活动体验,最终助力他们实现全面而可持续的发展。

在这一系列的活动中,教师不断地基于幼儿的现状,提出新的问题,或基于幼儿的问题,设计新的活动以支持幼儿探究。教师这种持续追踪、不断深挖的项目开展方式让幼儿的体验更加深刻。同时,教师所生成的问题和活动融合了不同学科的知识与技能,跨越了游戏、生活、学习等不同活动类型，在一日生活的多个维度渗透同一个培养目标。这种多维度渗透的方式，可以迁移运用于具有不同侧重的品格培养与能力提升。

二、项目概述

年龄段	小班	项目时长	4周
核心素养	乐探究　乐表达　有责任		
发展领域	社会 科学 语言	项目目标	感受水的重要性，了解水资源的珍贵，并在日常生活中注意节约用水。
本质问题	保护水资源，我们可以做什么？	核心任务	"节水小卫士"行动
任务群	• 停水日体验 • "一桶水"实验 • "节水小卫士"行动	成果展示	• 幼儿园节水宣传海报展示分享 • 节水标志张贴

三、项目过程

（一）计划与启动

1. 驱动问题

没有水对我们的生活有什么影响？

2. 过程描述

（1）"停水日"活动——感知水的重要性

3—4岁的幼儿主要通过感官体验和互动探索来认识和理解周围的世界。在这个年龄段，幼儿的好奇心和探索欲非常强烈，他们通过多种感官来感知事物，从而获得新的经验。为了让幼儿能够真切感受水在日常生活中的重要性和不可或缺性，我们首先开展了一次"停水日"活动，希望通过直接的体验使他们真实感受水对我们生活的重要性，从而主动建立起对水资源的尊重和珍惜的意识，帮助他们更理解为什么我们需要节约用水。

活动开展前，我们与家长协商与筹备，获得家长的支持并达成一致之后，我们提前告知班级幼儿某一天班级会停水，并将教室里所有水源全部关闭。我们还为每个幼儿准备了一瓶矿泉水以作备用。

当发现班级停水，幼儿首先觉得很新奇：水龙头里没有水了，饮水机里没有水，小马桶也不能冲水……真的停水了！面对仅有的一瓶矿泉水，有些幼儿并不以为意，依然大手大脚地使用自己的水；有些幼儿因为感受到水的有限，开始注意尽量节约使用。

当活动持续到后期，在没有水的状态下，幼儿开始感知到了身体受到的影响——没有水，我们会很渴，身体会不舒服；没有水，我们不能洗手，更容易生病。他们也感受到了周围环境受到的影响——没有水，无法冲马桶，厕所会变得很脏很臭，也会滋生细菌和病毒；没有水，植物角里的植物和小动物也无法浇水、喝水。幼儿在关注自身的同时也很担心植物角的动植物会因为缺水而生病……

在这样的情境下，幼儿的行为发生了变化：他们开始更加珍视每一滴水，对自己矿泉水的使用变得格外谨慎。喝水时，他们小心翼翼地小口饮用，生怕浪费一滴。洗手时，他们会迅速而有效地完成，尽量缩短用水时间。此外，他们还积极寻找替代方法来减少水的使用，比如使用班级里的免洗洗手液来保持清洁。活动结束之际，当我们告诉幼儿水源已经恢复时，他们脸上露出了欣喜的笑容。最后，每个孩子都满怀感激地装满一瓶饮用水带回家，相信这次经历定能让他们更加深刻地认识到水的珍贵和节约用水的重要性。

图 3.3.46 "停水日"活动对幼儿生活的影响

图 3.3.47 "停水日"活动后幼儿记录自己的感受

(2) "没有水的地方"——拓展了解真实困境

一次"停水日"活动，让班级幼儿感受到水的重要性。但他们并不知道在世界上，真的有许多和他们一样大的孩子在面临着缺水的困境。因而在体验活动之后，我们通过网络筛选了一些世界上正面临水资源困境国家的相关视频和图片资讯，开展了一次"没有水的地方"谈话活动，帮助幼儿拓展了解长期没有水会产生的后果和严重性。幼儿看到视频中缺水地区的人们为了获得有限的水资源需要付出极大的努力，这让他们更进一步认识和体会到水的珍贵性，从而萌发在日常生活中节约用水的意愿。后续我们继续联合家长，鼓励家长和幼儿共同寻找和水有关的绘本故事，这些故事以有趣的方式传达水的重要性和价值。通过这一系列活动的持续开展，幼儿进一步了解缺水问题的严重性和普遍性，从而更好地培养了他们的社会责任感和环保意识。

图 3.3.48 观看视频拓展了解缺水地区的生活

3. 阶段反思

(1) 真实体验：幼儿认知发展的催化剂

"停水日"活动为幼儿创造了一个真实的缺水困境。在我们的日常生活中，水是无处不在的，幼儿往往很难意识到水的重要性。而"停水日"活动则提供了一个独特的机会，使幼儿真实感受到没有水的不便，了解水的重要性。幼儿的行为变化不仅仅体现在日常生活中对水的使用上，更体现在他们内心对水资源价值的重新认识上。真实的体验促进了幼儿主动构建和深化认知结构，成为幼儿认知发展的催化剂。相信通过这次活动，幼儿定会更加珍惜水资源，并主动养成良好的用水习惯。

(2) 教育深化：教师引导下的幼儿认知价值提升

小班幼儿的思维具有直观性、具体性和表面性。因此，仅仅通过一次停水活动，他们可能只能够获得表面的、零散的认知，而无法真正理解水的重要性和节约用水的深层意义。而在"停水日"后的谈话活动中，教师运用多种策略，通过感受记录、线上"实地"考察、分享交流、故事引导等不同方式进一步帮助幼儿拓展了解世界上缺水地区的困境。当看到缺水地区的人们因为缺水而承受着痛苦和艰辛时，幼儿在感受到水的重要性的同时又进一步产生了强烈的节约用水的情感共鸣，从而更加理解珍惜和爱护水资源的意义，萌生初步的社会责任感。

教师在活动后的深化和升华措施，不仅有助于巩固幼儿对水的重要性的认识，还着力于推动幼儿责任意识的发展，促进节水意识与行为的知行合一。这样的教育策略不仅具有即时效果，更能为幼儿核心素养的长远发展打下坚实的基础。

（二）项目开展

1. 驱动问题

(1) 收集一桶水需要多少时间？

(2) 使用一桶水需要多少时间？

2. 过程描述

自从进入"水"主题的探究之后，关于水的各类个别化学习活动使得班级用水量大增，游戏结束后多余的水也往往都会被倒掉，产生了很多的浪费。在"停水日"活动之后，幼儿初步萌生了需要节约用水的意识。一次游戏后，有幼儿主动提出："不能浪费水，这些（游戏后的水）还能不能继续用？"于是经过和班级幼儿的共同讨论，顺应幼儿的发现和需要，我们开启了"一桶水"的收集和使用实验活动。

（1）收集"一桶水"

当有幼儿提出"游戏后的水不能浪费"这一观点之后，我们敏锐地捕捉到了教育契机，并围绕"如何不浪费游戏后多余的清水""如何收集水""收集到的水可以如何使用"等话题展开了进一步的讨论。通过这些话题，我们引导幼儿关注幼儿园一日生活中水的使用情况，并激发他们思考如何更好地节约和利用水资源。

首先，针对"如何不浪费游戏后多余的清水"这一问题，我们鼓励幼儿提出自己的想法。有的幼儿建议可以将多余的水用于植物角浇花，有的幼儿提议可以用来清洗玩具。通过讨论，我们发现个别化游戏结束后，原来有很多游戏区的水都可以收集再利用，如：冰块融化后的水、运水游戏结束后留存的水、加湿器喷雾后收集到的水……同时也意识到游戏后剩下的水其实还有很多用途，不应该被直接倒掉。

随后，我们进一步引导幼儿思考"如何收集水"。他们提出了很多创意性的建议如：除了游戏时从班级游戏区收集多余的清水，在幼儿园倒水喝时，如果水倒得太多，也可以收集起来；在户外，我们和幼儿一起投放了大大小小的罐子、水桶共同集雨水；还有幼儿带来家中冰箱除霜后存下的冰水……

由于收集水是一个需要长期坚持的过程，为了让小班幼儿更直观地了解我们到底收集了多少水，我们在班级放置了一块特别的"一桶水"收集记录板。每当收集到一定量的水，我们会和幼儿一起用统一的水杯将其倒入大水桶中，并在记录板上以"杯"为单位记录下每一滴水的贡献。这样的记录方式不仅让幼儿直观地看到了收集的成果，更激发了他们持续参与的热情。

我们鼓励幼儿与家长一起探索更多收集水的方法，每当看到班级大水桶的水位逐渐上升，记录板上的数字不断增长，幼儿的心中都充满了喜悦和成就感。在这一过程中，他们不仅亲身体验到了收集水的乐趣，更深刻地认识到了每一滴水的珍贵，从而更加珍惜和节约水资源。

最后，我们与幼儿一起探讨了"收集到的水可以怎么使用"。幼儿发现收集到的水可以用于浇花、洗手、冲厕所等多种用途。这让他们意识到收集水不仅可以节约水资源，还能为我们的生活带来便利。通过这一讨论，幼儿更加明白了节约用水的重要性，并愿意在日常生活中积极行动起来。

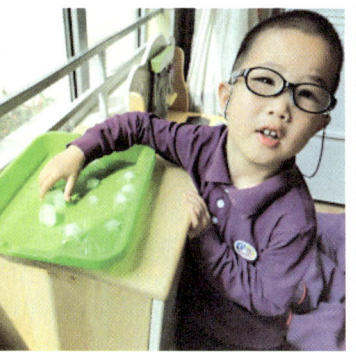

图 3.3.49　幼儿在幼儿园和家中用不同的方式收集水

（2）使用"一桶水"

在"一桶水"的收集过程中，我们采用了直观而有趣的方式——使用统一大小的杯子来量化和记录收集到的水量，从而帮助幼儿更清晰地感受水的变化。我们花费了几周的时间，一点一滴地积攒着水资源。每当水桶中的水量增加，大家都会十分激动，感受到自己为节约水资源作出的贡献。在教师、幼儿和家长们的共同努力下，往水桶里倒入了超过500杯的水量，才达到了水桶大半桶的高度，收集"一桶水"的过程实属不易。当问及幼儿"你们觉得我们积攒的水可以用多久"时，幼儿自信地表示"肯定能用很久""这里面有500多杯水，可以一直用下去，用也用不完"！

为了让幼儿真正理解水的消耗速度，我们围绕"一桶水可以用多久"这一问题继续展

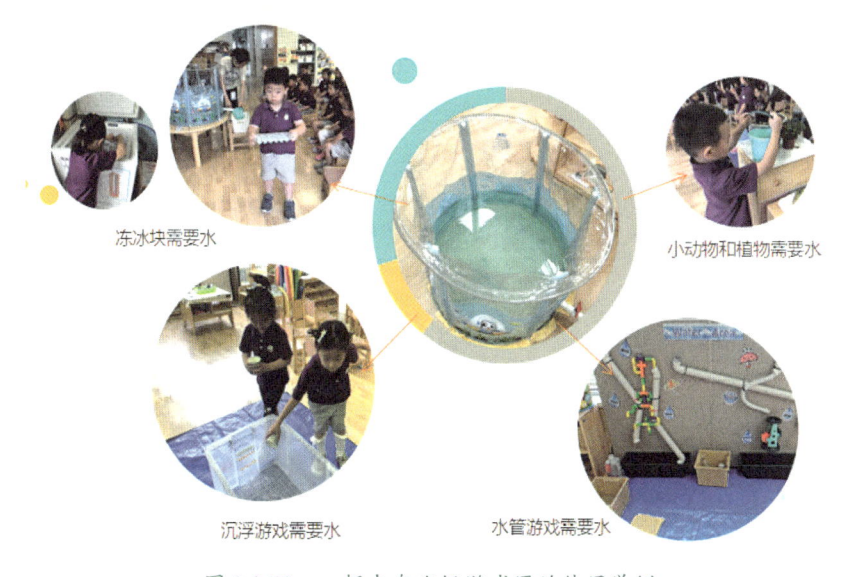

图 3.3.50　一桶水在班级游戏区的使用举例

开实验：将收集到的水用于班级的生活和游戏中。让人惊讶的是，当我们将花了几周时间共同辛苦收集到的 500 多杯水运送到游戏区各个需要用水的地方之后，我们发现：一次游戏就能把大家辛苦积攒了那么久的水全部用完了，原来水用起来这么快！

3. 阶段反思

在"一桶水"的实验活动中，幼儿能够直接接触到水的实际收集和使用过程，对于小班幼儿来说，这种直接的体验和学习方式远比抽象的说教来得更为有效和有趣。

为了更好地帮助幼儿理解水的珍贵性，在收集水时，我们特意将日常生活中难以直接感知的用水情况进行了具象化展示。通过将水量单位统一为"杯"，我们帮助小班幼儿将无形的、难以量化的水资源转化为有形的、定量的、可计数的单位。以"杯"为尺，量化体验，幼儿能够直观地观察到水的收集速度和使用速度之间存在的巨大差异，从而更深刻地认识到收集水的艰难，体会水的有限和珍贵性。

（三）分享与反思

1. 驱动问题

我们可以做些什么来保护水资源？

2. 过程描述

（1）节水海报宣传

围绕"保护水资源，我们可以做些什么？"这一问题，我们联合家长，协助幼儿将其设想的节水方法呈现在"节水宣传海报"中。在制作节水宣传海报的过程中，幼儿和家长

图 3.3.51　亲子共创节水海报及幼儿园节水宣传分享会

一起拓展了解了更多和保护水资源有关的小知识，同时幼儿发挥想象力，通过绘画、剪贴等方式有创意地表达出自己对保护水资源的理解。制作完成后，我们请幼儿将制作的节水宣传海报带到学校，向幼儿园的哥哥姐姐们进行展示和分享，进一步促进了幼儿园小社区节水文化的形成。通过我们的海报，幼儿园里的更多人了解节水的重要性，激发他们参与保护水资源的热情，这也是我们为保护水资源贡献出的一份小小的力量。

随着节水宣传活动的推进，我们欣喜地发现，班级幼儿在日常用水行为上也发生了明显的变化。他们开始更加珍惜每一滴水，洗手时不再像以前那样长时间开着水龙头，而是主动在涂抹洗手液时及时关闭。在饮水时，他们也会按需取水，避免浪费。这些看似微小的变化，却体现出了幼儿对节水意识的深刻理解和积极实践。

（2）节水标志张贴

在宣传活动之外，我们还力图将幼儿的宣导影响力作用于幼儿园日常的实际节水需求中。我们抛出以下问题引导幼儿观察和思考。

- 班级/幼儿园中有哪些用水场所？
- 哪些行为可能导致水资源浪费？
- 如何放置标志以便他人一目了然？

在组织幼儿深入思考和讨论后，我们共同在班级内张贴了节水小标志，积极寻找并实施节水方法：幼儿在洗手池旁贴上了节水标志，提醒同伴在使用洗手液时及时关闭水龙头，以节约每一滴水；在饮水机处贴上了提示，鼓励小朋友们按需取水，避免浪费；还在游戏区也贴上了节水标志，倡导在游戏过程中也要珍惜水资源……这些标志不仅提醒着大家节约用水，更成为了幼儿日常节水行为的见证。在幼儿园里，幼儿开始更加自觉地遵守节水规定，回家后他们还主动将这些方法迁移到家庭生活中，继续制作节水标志张贴在家里，提醒家人一起节约用水。这些持续的变化让我们看到了孩子们对节水行动的积极响应和认真实践。

通过这一系列的节水活动，幼儿不仅深刻认识到了水资源的珍贵和节约用水的重要性，更将所学知识转化为实际行动。我们相信，在未来的日子里，他们会继续践行节水理念，为保护地球家园贡献自己的一份力量。

3. 阶段反思

"节水小卫士"行动分为节水海报宣传和张贴节水标志两个部分，前一活动旨在鼓励幼儿通过海报制作的方式大胆表达自己的想法，并将保护水资源和节水理念的信息传递给更多人，后一活动则更重于实践行动与责任感的培养。

"节水小卫士"行动作为本次项目的最后一个任务，不仅是对幼儿前期认知与理解的直观展现，更是一个承前启后的行动环节。活动帮助幼儿将节水意识内化于心、外化于行，从而有助于他们形成更为持久的节水行为习惯。

四、项目反思

（一）沉浸体验，深化节水认知

对于3—4岁的幼儿，充分体验可以说是学习的关键。体验式学习策略的运用将传统的教授转化为主动的探究学习，幼儿不再只是通过听讲或阅读来了解水的重要性，而是通过亲身参与和实际操作来真实地感受水资源的珍贵和有限。

在"停水日体验"中，幼儿体验了缺水的困境，他们发现日常生活中许多事情都离不开水，如洗手、喝水、冲厕所等。这种真实的体验让他们深刻体会到水的重要性。

在"一桶水实验"中，幼儿自己收集并计量一桶水，通过观察和记录用水量的变化，直观地感受到了日常用水量之巨大。这种具象化的策略让幼儿更加直观地认识到节约用水的重要性，从而在日常生活中更加自觉地展现出节约用水的行为。

（二）知行合一，节水在行为

通过精心设计的实践和体验活动，引导幼儿将节水知识转化为切实的行动。从"停水日"的深刻反思到"一桶水"小实验的直观感受，再到"节水小卫士"行动的积极实践，每一步都让幼儿更深入地理解节水的重要性，并将节水理念深深根植于心中。

这一系列活动，不仅让幼儿认识到水资源的宝贵，更让他们在体验、反思与行动中逐渐将节水内化为日常行为。他们开始在日常生活中自然而然地节约用水，洗手时及时关闭水龙头，避免浪费；喝水时，他们懂得珍惜每一滴水，不随意泼洒；与家人相处时，他们也会积极传播节水知识，引导身边的人共同节约用水。

五、总结性评价量规

评价维度	评价指标	D	Q	G	E
乐探究	喜欢提出关于水的各种各样的问题。				
	能用不同的方法收集水。				
乐表达	愿意通过涂涂画画来体现节约用水的号召。				
	能在集体面前向大家进行节约用水的宣传。				
有责任	在幼儿园和其他生活场景中能有意识地节约用水。				
	倡导周围人节约用水。				

评价等级说明

E=Excellent: 优秀，超出成功标准
G=Good: 良好，满足成功标准
Q=Qualified: 合格，接近成功标准
D=Developing: 需努力，远未达到成功标准

参考文献

中文文献

1. 埃里克森，兰宁. 以概念为本的课程与教学：培养核心素养的绝佳实践 [M]. 鲁效孔，译. 上海：华东师范大学出版社，2018.

2. 奥苏贝尔. 意义学习新论：获得与保持知识的认知观 [M]. 毛伟，译，盛群力，校. 杭州：浙江教育出版社，2018.

3. 波伊尔. 基础学校：一个学习化的社区大家庭 [M]. 王晓平，等译. 北京：人民教育出版社，1998.

4. 布鲁纳. 教育过程 [M]. 邵瑞珍，译，王承绪，校. 北京：文化教育出版社，1982.

5. 陈荣捷. 王阳明传习录详注集评 [M]. 上海：华东师范大学出版社，2009.

6. 崔允漷，王少非，杨澄宇，等. 新课程关键词 [M]. 北京：教育科学出版社，2023.

7. 段玉裁. 说文解字注 [M]. 北京：中华书局，2013.

8. 韩玉梅，宋乃庆，杨晓萍，等. 学前儿童核心素养：内涵、理论和指标体系 [J]. 西南大学学报（社会科学版），2020，46(2)：85-95.

9. 胡恒波，霍力岩. 美国宾夕法尼亚州学前儿童科学核心素养的指标框架、培育策略及其启示 [J]. 外国教育研究，2019，46(1)：51.

10. 怀特海. 教育的目的 [M]. 庄莲平，王立中，译注. 上海：文汇出版社，2012.

11. 凯兹，查德. 开启孩子的心灵世界项目教学法 [M]. 胡美华，译. 南京：南京师范大学出版社，2007.

12. 徐浩. 道德经译释 [M]. 长沙：湖南人民出版社，2008.

13. 纪秀君. 李季湄：实施《指南》就是落实"核心素养" [EB/OL]. (2016-12-26) [2024-01-08].http://www.ed.ecnu.edu.cn/?p=9714.

14. 林崇德. 构建中国化的学生发展核心素养 [J]. 北京师范大学学报（社会科学版），2017(1)：66-73.

15. 刘徽. 大概念教学：素养导向的单元整体设计 [M]. 北京：教育科学出版社，2022.

16. 刘震.《学记》释义 [M]. 济南：山东教育出版社，1984.

17. 刘志山. 真善美的哲学与教育 [M]. 北京：中国社会科学出版社，2004.

18. 麦克泰格，威金斯. 让教师学会提问：以基本问题打开学生的理解之门 [M]. 俎媛媛，译. 北京：中国轻工业出版社，2015.

19. 上海市教育委员会. 关于实施项目化学习推动义务教育育人方式改革的指导意见 [EB/OL].(2023-09-01)[2024-01-08].https://edu.sh.gov.cn/xxgk2_zdgz_jcjy_01/20230901/d22c1043024d4d0e9d32b85fd3392186.html.

20. 上海市教育委员会. 上海市义务教育项目化学习三年行动计划（2020—2022 年）[EB/OL].(2020-10-12)[2024-01-08].zhzw_ghjh_01/20201106/v2-1c51f3cbef1346698620f9152726c86b.html.zxxxgk/20201112/3157ff5f6e884bd49b722967604858eb.html.

21. 上海市教育委员会. 上海市中长期教育改革和发展规划纲要（2010—2020 年）[EB/OL].(2010-09-10)[2024-01-08].https://edu.sh.gov.cn/xxgk2_zhzw_ghjh_01/20201015/v2-0015-gw_301122010002.html.

22. 邵朝友，崔允漷. 指向核心素养的教学方案设计：大观念的视角 [J]. 全球教育展望，2017(6)：11-19.

23. 陶行知. 生活即教育 [M]. 武汉：长江文艺出版社，2021.

24. 威金斯，麦克泰格. 追求理解的教学设计（第二版）[M]. 闫寒冰，宋雪莲，赖平，译. 上海：华东师范大学出版社，2017.

25. 希尔. 设计与运用表现性任务：促进学生学习与评估 [M]. 杜丹丹，杭秀，译，冯建超，校，盛群力，审订. 福州：福建教育出版社，2019.

26. 夏雪梅. 项目化学习设计：学习素养视角下的国际与本土实践 [M]. 北京：教育科学出版社，2018.

27. 夏雪梅. 指向核心素养的项目化学习评价 [J]. 中国教育学刊，2022(9)：50-57.

28. 杨向东. 关于核心素养若干概念和命题的辨析 [J]. 华东师范大学学报（教育科学版），2020(10)：48-59.

29. 余文森. 从"双基"到三维目标再到核心素养——改革开放 40 年我国课程教学改革的三个阶段 [J]. 课程·教材·教法，2019(9)：40-47.

30. 张华.让学生创造着长大：2022年版义务教育课程方案和课程标准核心理念解析[M].北京：教育科学出版社，2022.

31. 中华人民共和国教育部.关于全面深化课程改革落实立德树人根本任务的意见[EB/OL].(2014-04-08)[2024-01-08].http://www.moe.gov.cn/srcsite/A26/jcj_kcjcgh/201404/t20140408_167226.html.

32. 中华人民共和国教育部.3～6岁儿童学习与发展指南[M].北京：首都师范大学出版社，2012.

33. 中华人民共和国教育部.幼儿园保育教育质量评估指南[EB/OL].(2022-02-10)[2024-01-08].https://www.gov.cn/zhengce/zhengceku/2022-02/15/content-5673585.htm.

34. 中华人民共和国教育部.幼儿园工作规程[EB/OL].(2016-03-01)[2024-01-08].http://www.moe.gov.cn/srcsite/A02/s5911/moe_621/201602/t20160229_231184.html.

35. 中华人民共和国教育部.幼儿园教育指导纲要（试行）[EB/OL].(2001-07-02)[2024-01-08].https://www.gov.cn/gongbao/content/2002/content_61459.htm.

36. 中华人民共和国教育部.义务教育课程方案和课程标准(2022年版)[EB/OL].(2022-04-08)[2024-01-08].http://www.moe.gov.cn/srcsite/A26/s8001/202204/t20220420_619921.html.

37. 钟启泉.解码教育[M].上海：华东师范大学出版社,2020.

英文文献

1. ERICKSON H. Stirring the Head, Heart, and Soul[M]. Thousand Daks: Corwin Press, 2008.

2. MARSCHALL C, FRENCH R. Concept-Based Inquiry in Action：Strategies to Promote Transferable Understanding[M]. Thousand Daks: Corwin Press, 2018.

3. OECD. The Definition and Selection of Key Competencies: Executive Summary[EB/OL]. (2018-05-22) [2020-03-12].https://www.oecd.org/pisa/35070367.

4. PHENIX P. Realms of Meaning: Aphilosophy of the Curriculum for General Education [M]. New York: McGraw-Hill, 1964.

后　记

在儿童的成长旅程中，幼儿园教育扮演着至关重要的角色。它不仅是儿童学习知识、探索世界的第一站，更是塑造他们未来成为有责任感、有同情心、有创造力的公民的摇篮。在这个充满可能性的启蒙阶段，我们有责任为他们提供一个充满爱、尊重和启发的环境，帮助他们建立起对美好世界的积极认知和向往。

《做美好世界的教育——核心素养导向的幼儿园课程建设与实践》这本书正是基于这样的信念和使命诞生的。本书深入探讨了如何在幼儿园阶段通过核心素养的培养，为儿童打下坚实的基础，让他们在快乐与探索中成长，同时为未来的学习和生活做好准备。完成这本书，让我们感到一种深深的满足和宁静，同时也感到无比的自豪和感激。这不仅仅是一本书的完成，更是我们对美好教育的深入探索和实践，是我们对美好教育理念的深刻反思和实践总结，是我们对幼儿教育事业的热爱和承诺，是我们美好教育团队智慧和努力的结晶。在这本书的撰写过程中，我有幸与一群充满热情和智慧的教育工作者、研究者以及实践者一起，共同探讨和构建一个以核心素养为导向的幼儿园课程体系。

我们是一支探索真的团队。在教育的广阔天地里，真理是我们永恒的追求。我们相信，每个孩子都是一颗独特的种子，拥有无限的潜力和可能性。教育不仅仅是知识的传授，更是价值观的培养、情感的培育和创造力的激发。我们的任务是发现和培养这些潜力，引导儿童成长为具有核心素养的未来公民。我们的团队成员背景不同，拥有多元的专业知识和丰富的教学经验。在过去的几年里，我们始终秉持着严谨、务实的态度，深入研究了国内外的教育理念和实践案例，不断探索适合我国国情和幼儿发展特点的教育模式；深入研究核心素养的内涵和特点，分析核心素养导向的幼儿园课程建构的理论基础和实践路径，并结合具体案例展示幼儿园课程建构与实施的策略和方法，呈现一系列创新的教学方法和活动设计。我们的研究成果、教学案例和课程设计，每一个章节、每一个活动、每一个教学策略，旨在激发幼儿的好奇心、批判性思维和创造力，核心素养的培养成为了我们共同的追求。

我们是一支践行善的团队。善良是我们团队的核心价值观之一。我们相信，教育的根本目的在于培养儿童成为有爱心、有责任感、有同情心的人。在今天这个快速变化的时代，教育的目标已经不再仅仅是传授知识，更重要的是培养儿童的综合素质，帮助他们建立起对世界的深刻理解和对未来的积极态度，培养他们成为具有社会责任感和创新精神的人。在编写这本书的过程中，我们始终将这一理念放在首位，努力探索如何通过课程设计和教学实践，将爱和善良的种子播撒在每个孩子的心中。

我们是一支充满热情和爱心的美好团队，我们用自己的行动诠释着爱和善良的含义。在课程建构中，我们注重培养儿童的道德情感和社会责任感，鼓励他们关心他人、敬畏自然、珍惜生命。在实践中，我们见证了善良的力量，儿童的善良行为、同情心和助人为乐的精神，让我们深感欣慰。家长们的积极反馈和社会各界的支持，让我们更加坚信做美好教育的意义和价值。

我们是一支创造美的团队。美，是我们教育实践中不可或缺的元素。我们相信美的体验能够丰富儿童的情感，激发他们的想象力和创造力。我们特别强调了艺术和审美教育的重要性，探索如何将美的元素融入幼儿园的日常教学中。教师们用自己的专业知识和创意思维，为幼儿设计了一系列富有美感的教学活动和环境。我们鼓励幼儿通过绘画、音乐、舞蹈、戏剧等多种形式表达自己，让他们在美的创造过程中发现自己的潜能，体验快乐和成就感。书中的每一个案例、每一次讨论、每一次反思，都是我们对美好教育的一次次尝试和实践。

在实践中，我们见证了美的创造力如何改变儿童的世界。儿童的作品充满了色彩和生命力，他们的表演充满了情感和温度。这些美好的瞬间，不仅让儿童感受到了成功的喜悦，也让我们深刻体会到教育的力量。我们相信，通过我们的共同努力，能够为儿童创造一个更加美丽、和谐和富有创造力的世界，我们对美的创造永无止境，美好教育充满色彩和生命力。

此时想抒发一种感动。这本书记录着我们的成长，呈现了每一位教师的智慧结晶，显示了我们对专业的敬畏和不懈追求，凝结了大家的汗水和热爱。内心涌动着一种暖流，眼前浮现出一张张熟悉的脸庞、一个个默默无闻的身影，一幅幅色彩斑斓的图画记录了孩子们美好的成长轨迹，一段段美好的文字记录了教师们的专业体验和感悟，一页页美好的呈现记录了教师的用心和对美好教育的表达。

此时想传递一种感激。一粒沙可以看到一个世界，一朵花可以看到一个天堂，这本书可以看到美好教育的美好。这本书连接着我们的耕耘，连接着我们最真实的行动和实践，连接着我们智慧的碰撞和结晶，连接着家长的信任和支持，连接着孩子们的快乐和成长。这本书呈现的是一线教师的实践，是一次又一次的教学行动，是一场又一场精彩的活动，是美好教育的成果萃取。我们追求的是探索真、践行善、创造美的过程，追求的是返璞归真的境界，追求的是美好教育之道。

此时想表达一份感谢。本书的撰写得到了众多专家、学者与同行的支持和帮助。

感谢所有参与本书编写的同事们，没有他们的辛勤工作和专业知识，这本书不可能如此丰富和全面。我们一起讨论、研究，甚至争论每一个观点，确保我们所传达的信息是准确和有价值的。感谢黄琼老师几年来对于美好课程事必躬亲的实践指导；感谢周珏副园长、钱兰华执行园长、宋晓燕副园长的支持和帮助；感谢安茜老师、张煜莹老师的编撰和极为细致的协助与校对；感谢各位老师在百忙之中抽出时间，为我们提供了宝贵的意见和建议。老师们的实践和反馈，让我们的理论得以验证和完善，他们对教育的热情和对孩子的关爱，是我们写作过程中不断前进的动力。

感谢所有为此而无私付出的家长们，感谢伴我们成长的可爱的孩子们。感谢参与课程实践的孩子们，他们的好奇心、创造力和无限的可能性，是这本书的灵魂所在。从他们身上，我们看到了教育的真正意义：培养能够创造美好世界的下一代。

感谢出版社的编辑和工作人员，他们的辛勤付出使得这本书能够顺利出版。

教育是一项长期而复杂的工作，本书只是我们教育改革和实践中的一个缩影，时代的变化需要我们不断地学习、适应和创新。这本书的出版不是结束，而是一个新的开始。我们期待着更多的教育同仁加入到这个美好的事业中来，一起探索，一起成长。我们期待能够成为教育工作者和家长们的良师益友，帮助他们更好地理解和实践核心素养教育。

在未来的日子里，我们将继续关注幼儿园教育的发展，深入研究核心素养导向的幼儿园课程建设与实践，为幼儿园教育工作者提供更多的支持和帮助。在实践中反思，在反思中提炼，在提炼中总结，在总结中萃取。美好教育的课程实践对于我们来说不仅仅是分享、总结和提炼，更是管理提升和教师专业成长的必经之路。同时我们也遇到了许多挑战，例如，如何在核心素养的框架下构建适合幼儿的课程，如何平衡理论与实践，如何确保课程的可操作性和有效性，但正是这些挑战，推动了我们不断探索和创新。

最后，我们希望这本书能帮助大家认识到美好教育在幼儿成长中的重要性，共同为幼儿创造一个美好的教育世界。希望这本书能够成为幼儿教育领域中的一股清流，给予大家一些共鸣和启发；能够成为教育工作者和家长们的灵感来源，为大家提供一些新的思路和方法；可以作为教师的参照和借鉴，去验证自己的理解，挖掘自身的优势，不断地自我发现和超越，不断追求卓越，在专业成长的道路上走得更坚定、更长远。我们处在一个大变革和大超越的创新时代，我们需要的是专心致志的思考者和实践者，需要的是不断超越的梦想者和开拓者，需要的是肩负使命的行动者和创造者，从而为幼儿的成长提供滋养，为教育工作者提供支持，为社会的进步贡献力量。

我们相信，通过共同努力，可以为幼儿创造一个更加美好、公正与和谐的世界。期待与大家的分享，期待专家的指导和更多的呈现，期待每一个园所都有更多的美好展现，不断地发现美、分享美、传播美、创造美、培育美、升华美，共创美好教育，共造美好未来，一起做美好世界的教育！

王　茜

2024 年 4 月